Sato Hideki
佐藤秀樹 著

うつろ舟伝説が表象する文化露寇

享和三年のフェイクニュース

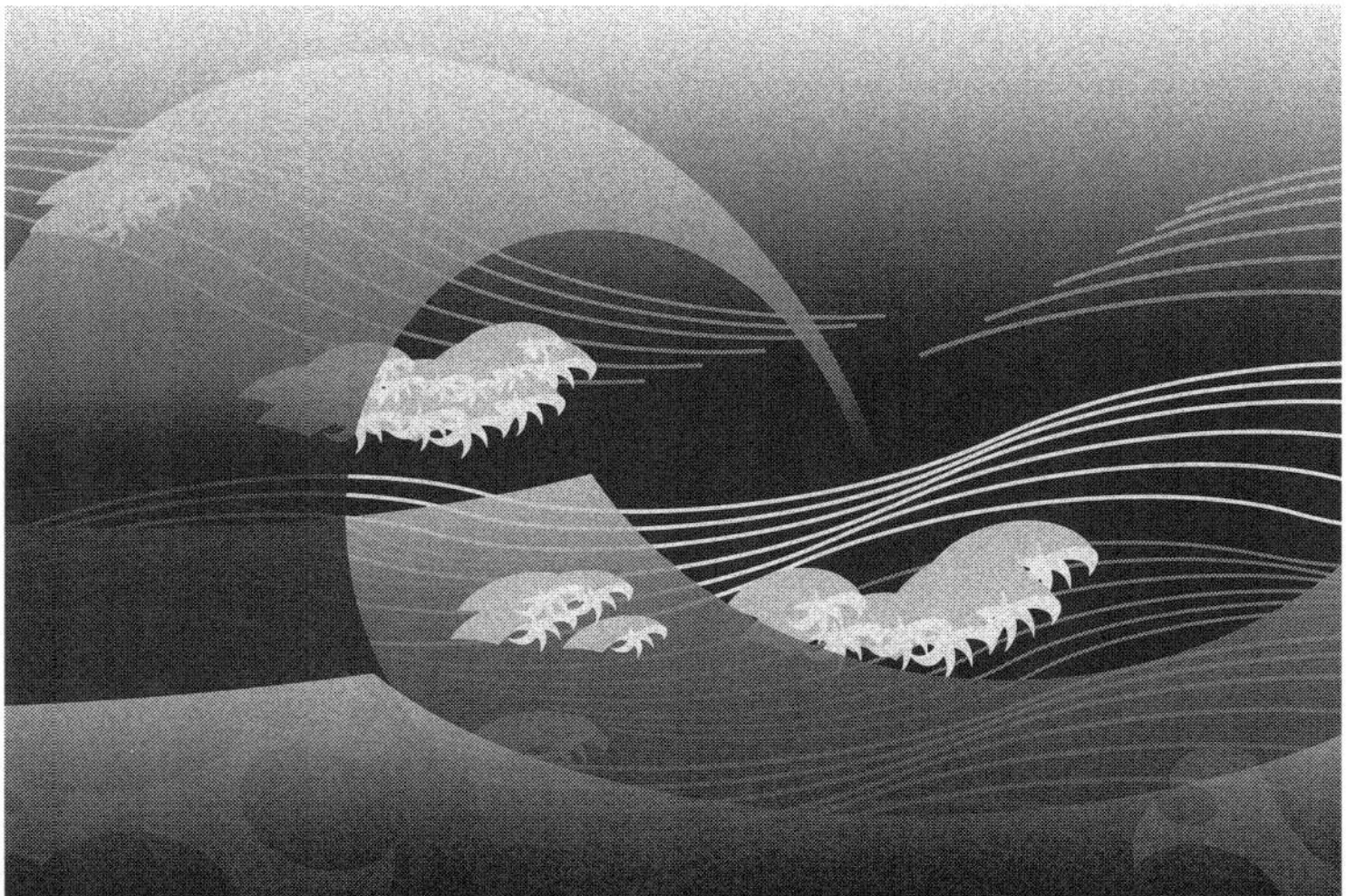

三弥井書店

目次

図版一覧

はじめに

曲亭馬琴『兎園小説』「うつろ舟の蛮女」は、その舟の形状からUFO（未確認飛行物体）だ、常陸国（茨城県）に伝わる伝説の金色姫の再来だ、馬琴の創作だといわれる。ここに奇妙な「かわら版刷物」がある。「去る亥年（享和三年癸亥カ）二月なかば」と記されるもので、うつろ舟と蛮女が描かれ、四つの異形文字もある。構成する要素は「兎園小説」と同じだが、図像の位置が入れ替わっている。このかわら版を見たときに想起したのは宮崎成身『視聴草』「魯西亜船之図」である。共に右側に人物が描かれ、左側に船が描かれる。更に人物像の着衣が類似する。ロシア兵の上着の形とシャツのボタンの形が一致する。ロシア船は後部を向けるが、ガラス張りのキャビンの形状はうつろ舟その物だ。柳田國男氏は「人間は到底絶対の虚妄を談じ得る者で無い」という。似ているというより「かわら版刷物」は「魯西亜船之図」を写したものなのだろう。「かわら版刷物」は馬琴の「兎園小説」のもとになったものの一つと考えられる。「兎園小説」の馬琴の頭書に「魯西亜属国の婦人にやありけんか」とあるのは、ロシアの来航だけでなく、ロシアの乱暴掠奪事件（後に文化露寇という）を馬琴は知っていたからだ。

うつろ舟はUFOで、乗っていたのは宇宙人、舟の中の四つの異形文字は宇宙文字と断定する言説があるが、うつろ舟にある四つの異形文字を調査するとヨーロッパ起源の錬金術記号とわかった。うつろ舟は地球起源のものである。常陸国の金色姫漂着（養蚕の起源）は江戸時代にはよく知られていたが、千年以上前のことで、享和三年（一八〇三）に再来しても、かわら版の報道に価値があるとは思えない。また、馬琴がかわら版の出版にかかわったとは思えない。かわら版は非合法出版物であり、師匠筋にあたる山東京伝が手鎖刑に処せられるのを、身近に見て恐懼した馬琴がかわら版に関与したとは到底考えられない。「かわら版刷物」が文化露寇を伝える物であればなおさらだ。

本書では、文化露寇と享和三年（一八〇三）の「うつろ舟」の関連を検証するものである。江戸時代になって初めてという、外国からの攻撃に、幕府はもとより庶民も大いに戸惑い不安に思ったことだろう。当初、幕府は風聞を禁止し事件を秘匿していたが、噂が広がると、ロシア人は貿易を求めてきて既に帰ったと町触れする。しかしロシア人の通交しなければ再び来ると言い残したことは隠し通した。文化八年来航したロシアのゴロウニンを捕らえて交渉のうえ、海賊によるものとロシアの謝罪状を受け取り、ゴロウニンを解放し落着した。

「うつろ舟」については様々な解釈があるが、四つの異形文字が有るものと、その他のものは区別する必要がある。四つの異形文字が有るものは、享和三年またはそれと推測される漂着の年である。本書で取り上げるのは、この四つの異形文字が有るものである。

『蘭学事始』で知られる杉田玄白の随想に「野叟独語」というものがあり、自身と自らの影法師の対話で名称はよく引用されるもので、内容はまさに文化露寇の時期、当時の世相と幕府の不甲斐なさに、また来るのではという不安を述べている。杉田玄白が関わったわけではないが、四つの異形文字には、蘭学者でなくても蘭学好き・蘭物好みの関与がうかがえる。享和三年の翌四年は二月改元で文化元年、文化露寇（文化三・四年）と近い。十九世紀初頭は異国船の航行と異国文物の流入する時期である。

四つの異形文字が有る「うつろ舟」は、露西亜が攻めて来た恐怖と不安を表している。漂着した舟の形も後方に硝子張りのキャビンを持つ異国船の後ろ姿そのものである。異国船を描いた刷り物に硝子張りのキャビンを持つ後ろ姿を描いたものが時々有る。余程興味を引いたのだろう。「うつろ舟」は文化露寇の表象である。年号の表記が異なり地名が異なるのは、幕府の禁令をかわすために、具体的に表現できないのだろう。

かわら版の「うつろ舟」は、まさしく文化露寇の不安に付け込んだもので、取締りを逃れるために、事件の推測をできるように時期や場所を変えた。その巧妙な工夫が四つの異形文字で、蘭学好き・蘭物好みなら推測できて、周りに吹聴したことだろう。

文化露寇をメディアが取り上げることはほとんどないが、NHK番組の英雄たちの選択「検証！200年前のロシア危機～露寇事件　松平定信3つの意見書」BSプレミアムがあった。老中辞任後の定信が露寇に対して「打ち払え」と意見書を提出した。現存する意見書の下書きからの検証である。一方、NHK番組ダークサイド・ミステリー「幻解！　超常ファイル江戸UFO漂着事件」（Eテレでも再放送）は、曲亭馬琴の「うつろ舟」は馬琴自身の創作説と常陸国の漂着物は事実説で構成される。この二つの説は両立しないと思うのだが不可思議な話である。

十九世紀初頭の大事件と曲亭馬琴の噂話集の関連を、当時の文化状況から考察した。人は見たことのないものを想像できないことから、異国船の後方にある硝子張りのキャビンと漂着したとされる「うつろ舟」の形態の類似、ロシア兵の軍服と「うつろ舟の蛮女」の服の類似に注目した。「うつろ舟」は露寇事件の象徴（シンボル）である。

直木賞作家の古川薫氏『空飛ぶ虚ろ舟』は、馬琴の『兎園小説』「うつろ舟の蛮女」をモチーフにして、虚ろ舟は空から降ってきたという物語である。一九八一年発表の短編を改稿・加筆された作品という。日清焼きそばU.F.O.の発売は一九七六年、ピンク・レディーの楽曲「ＵＦＯ」の発売は一九七七年で、ＵＦＯが社会で認知された時期なのだろう。

第一章　恐れいりやの馬琴説、びっくりしたやのＵＦＯ説

一　曲亭馬琴のうつろ舟の蛮女

『兎園小説』は『日本随筆大成』で知られるが、改めて天理図書館蔵の『兎園小説』からの翻刻で見ていく。天理図書館蔵本は馬琴が筆記した馬琴の手元にあった手沢本である。『兎園小説』の記事はかわら版や風聞に取材したものが多い。「うつろ舟の蛮女」も後出の「かわら版刷物」から構成したものと考えられる。

享和三年癸亥の春二月廿二日の午《うま》の時ばかりに、当時寄合席小笠原越中守（割註：高四千石）知行地常陸国はらやどりという浜にて、沖のかたに舟の如きもの遥か見えしかば、浦人等小船あまた漕ぎ出しつゝ、遂に浜辺に引きつけてよく見るに、その舟のかたち、譬《たと》へば香盒《こうごう》のごとくにしてまろく長さ三間あまり、上は硝子障子にて、チャン（自註：松脂）をもて塗りこめ、底は鉄の板がねを

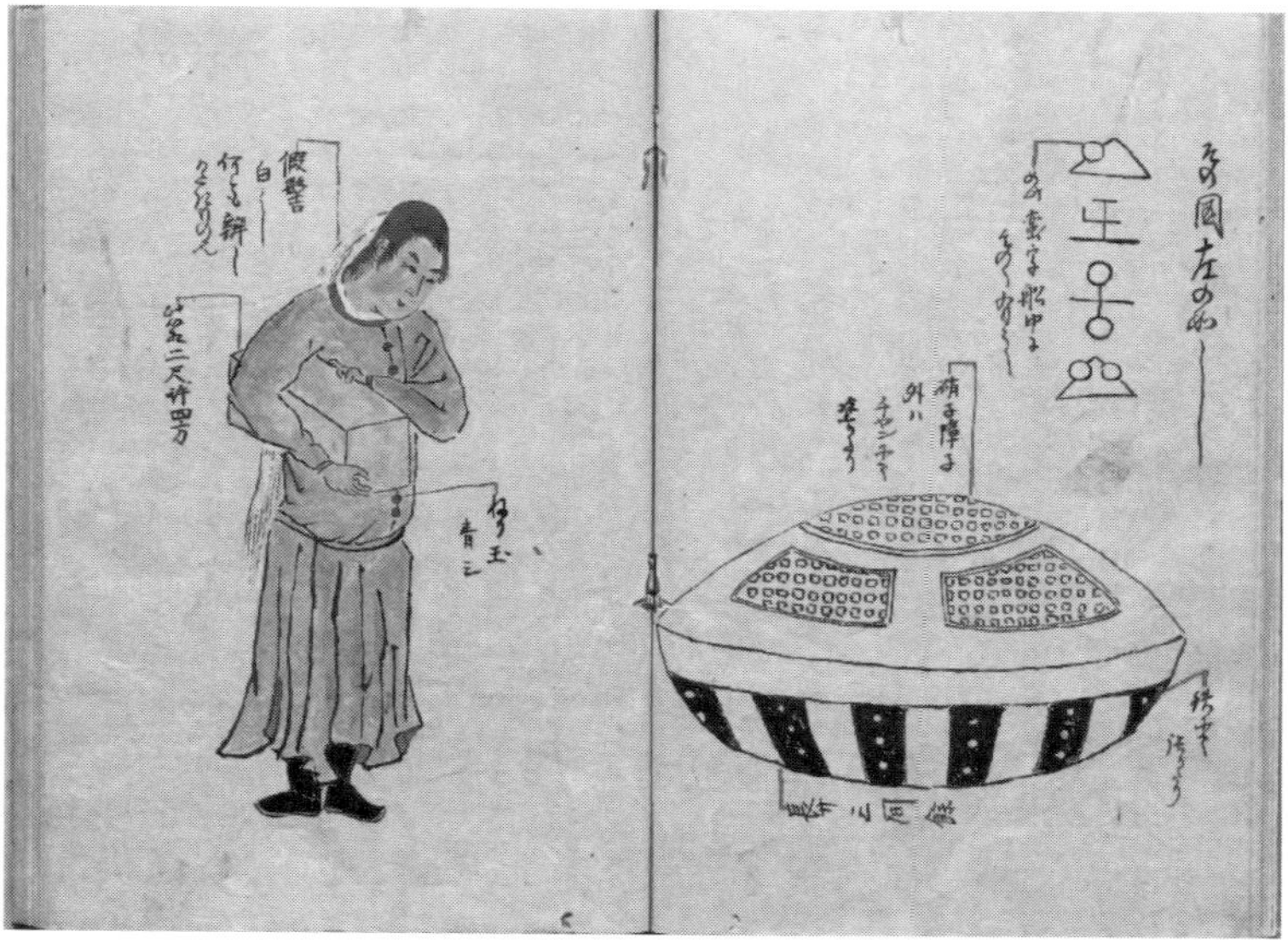

『兎園小説』「うつろ舟の蛮女」　国立公文書館蔵

段々（自註：タンタラ）筋のごとくに貼りたり、海巌（註：大きな岩）にあたるとも打ち砕かれざる為なるべし、上より内の透徹りて隠れなきを、みな立ちよりて見てけるに、そのかたち異様なるひとりの婦人ぞゐたりける

その図左の如し

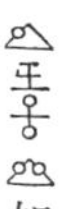如此蛮字船中に多く有之、

鉄にて張りたり

硝子障子外はチヤンにて塗たり、

長サ三間餘

假髻《いれがみ》白し何とも辨しかたきもの之、

ネリ玉青シ

此箱二尺許《ばかり》、四方《よほう》

そが眉と髪の毛赤かるに、その顔も桃色にて、頭髻《たふさ》は假髪《いれがみ》なるが、白く長くして背《そびら》に垂れたり、そは獣の毛か、より糸か、

これをしるものあることなし、迭《たがい》に言語（自註：コトハ）の通ぜねば、いづこのものと問うよしもあらず、この蛮女は二尺四方《よほう》の筥《はこ》をもてり、しばらくもはなさずして。人をしもちかづけず、これかれ検せしに、

水二升計小瓶に入れてあり、（割註：一本に、二升を二斗に作り、小瓶を小船に作れり、いまだ孰是《いずれよき》を知らず）敷物二枚あり、菓子ようなものあり、又肉を煉《ねり》たる（註：練って加熱した）如き食物あり浦人らうちつどひて評議するを、のどかに見つゝゐめるのみ、古老の云う、こは蛮国の王の女《むすめ》の他へ嫁したるが、密夫ありてその事あらわれ、その密夫は刑せられしをさすがに王のむすめなれば、殺すに忍びずして、虚舟《うつろぶね》に乗せて流しつゝ、生死を天に任せしものか、しからば其箱の中なるは、密夫の首にやあらんずらん。むかしもかゝる蛮女のうつろ船に乗せられたるが、近き浜辺に漂着せしことありけり、その舩中には、俎板《まないた》のごときものに載せたる人の首の、なまなましきがありけるよし、口碑に伝ふるを合せ考ふれば、件の箱の中なるも、さる類《たぐい》のものなるべし、されば蛮女がいとをしみて、身をはなさゞるなめりといひしとぞ、この事を官府へ聞えあげ奉りては、雑費も大かたならぬに、かゝるものをば突流したりとなん、先例もあればとて、又もとのごとく舩に乗せて、沖へ引出しつゝ推し流したりなん。もし仁人の心もてせば、かくまでにはあるまじきを、そはその蛮女の不幸なるべし

又その舟の中に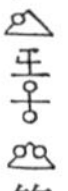等の蛮字（註：外国の文字）の多くありしといふによりて、後におもふに、ちかきころ浦賀の沖に歇《かか》りたるイギリス船にも、これらの蛮字ありけり、かゝれば件の蛮女はイギ

リスか、もしくはベンガラ、もしくはアメリカなどの蛮王の女《むすめ》なりけんか、これも亦知るべからず。当時好事のもの丶写し伝へたるは、右の如し、図説共に疎鹵《そろ》にして具《つぶさ》ならぬを憾《うらみ》とす、よくしれるものあれば、たづねまほしき事なりかし

（頭書：解按《とく》ずるに、魯西亜《ろしあ》聞見録の条下に云、女之衣服が筒袖にて腰より上を、細く仕立云、また髪の毛は、白き粉をぬりかけ結び申候云云、これによりて見るときは、この蛮女の頭髻《たぶさ》（註：もとどり）の白きも白き粉を塗りたるらん、魯西亜属国の婦人にやありけんか、なほ考ふべし）

[現代語訳]

享和三年（一八〇三）二月二十二日の正午に、常陸国（茨城県）はらやどりという浜の沖に、舟のようなものが見えたので引き寄せてみると、その形は香盒《こうごう》（註：香合）のように丸く、長さ三間あまり（註：五・五メートルほど）、上は硝子障子で、底は鉄の板を段々（註：だんだら）の縦筋に貼っている。上から内を覗くと一人の婦人がいた。その眉と髪は赤く、その顔も桃色で、その頭髪は仮髪《いれがみ》（註：入髪）のようで白く長くて背に垂らしている。それは獣の毛なのか、撚糸なのかわからない。言語《ことば》は通ぜずどこから来たかと問うこともできない。この蛮女は二尺（註：〇・六メートルほど）四方《よほう》（註：四角いもの）の筥《はこ》（註：箱）をもち、かたときも離さず、人を近づけない。しらべてみると、

水二升ばかり小瓶に入れてあり。（割註：別の記録では、二升を二斗に作り、小瓶を小船に作れり。いずれが正しいのか知らない）

敷物が二枚あり。菓子のようなものもある。また肉を煉った（註：練って加熱した）ような食物もある。海辺の住人等が集まって評議するを、蛮女はしずかに見つめ微笑んでいる。年寄りの言うには、これは外国の王の娘で、他国へ嫁入りしたが密夫がいたことがわかり、その密夫は処刑されたものの、さすがに王の娘なれば、殺すに忍びず、うつろ舟に乗せて流し、生死を天に任せたものだろう。しからば、その箱の中のものは、密夫の首だろう。むかしも同じような、蛮女がうつろ舟に乗せられたものが、近い浜辺に漂着したことがあった。その船中には、俎板のようなものに載せた生々しい人の首があったという。その箱の中のものも同じだろう。だとすれば、蛮女が愛おしく、身から離さないのだろう。この事を役所へ届ければ、雑費もかかるので、蛮女を船ごと突き流した先例もあるので、又もとのごとく船に乗せて、沖に引き出しつつ推し流した。もし人を思いやる心があれば、この様なことはしないだろう。これは蛮女の不幸である。

またその中になどという蛮字（註：外国の文字）の多くあったことから、後で考えると、最近浦賀沖に停泊するイギリス船にも同じような蛮字があり、この蛮女はイギリスか、あるいはインドのベンガル、もしくはアメリカなどの蛮王の娘なのであろうか。ただこれを知る術はない。当時の物好きが写し伝えたことである。図も説明もお粗末で、詳しくないことが恨まれる。よく知っている者がいれば、尋ねてみたいものだ。

頭書、解《とく》（註：馬琴のこと）按ずるに、魯西亜《ろしあ》聞見録の人物に該当する部分にいう。女の衣服が、筒袖にて腰より上を細く仕立て云々。また髪の毛は、白き粉をぬりかけ結び云々。この聞見録を見ると、この蛮女の頭髻《たぶさ》（註：もとどり）の白きも白き粉を塗ったものだろう。魯西亜属国の婦人であろうか。なお考えるべし。

内容は、日付と場所を除けば「かわら版刷物」とほぼ同じ。うつろ舟と蛮女の形態もほぼ同じで、蛮女の位置が舟の右側から左側に移動している程度だ。「かわら版刷物」を写し取ったといってよいだろう。ただ、水二升ばかり小瓶の割註に「一本に、二升を二斗に作り、小瓶を小舩に作れり」という記載がある。これは、別の複数の資料に「享和三年癸亥の春二月廿二日」・「常陸国はらやどり」・「水二斗ばかり小舩」などの記載があり、舟と蛮女の位置関係が異なることと同様写し取ったことが推測される。また「古老の云う、こは蛮国の王の女の他へ嫁したるが、密夫ありてその事あらわれ、その密夫は刑せられしをさすがに王のむすめなれば、殺すに忍びずして、虚舟に乗せて流しつゝ、生死を天に任せしものか」は享和三年以外のうつろ舟に共通するもの。いずれにしても、享和三年漂着のものは「かわら版刷物」が先行すると考える。（後述）

二　異形文字は駄法螺の証明説

民俗学の柳田國男氏「うつぼ舟の話」は、昭和十五年に刊行された『妹の力』創元社に収録され、現在は『定本柳田國男集第九巻』筑摩書房（他に『現代日本文學大系二十』同社、『日本の文学二十六』中央公論

社、『柳田國男全集』ちくま文庫）で容易に見ることができる。（初出は「中央公論」大正十五年（一九二六）四月）

柳田氏は民俗学や民族学の見地からも考察を進めているが、『兎園小説』「うつろ舟の蛮女」ついては次のように見解を述べている。

「此話は兎園小説を始めとして、当時の筆豆人の随筆には幾らも出て居る。何れ出処は一つであるらしく、疑ひも無く作り事であつた。その女は年若く顔は桃色にして、髪の毛は赤いのに、入れ髪ばかりが白く且つ長かつた。敷物二枚の他に瓶に水二升ほど入れ、菓子様の物及び肉を煉つたような食物もあったとある。又二尺四方の一箇の箱を、寸刻放さず抱へ持ち、人の手に触れしめなかつた。浦人の評定では、多分蛮国の王の娘などで、密夫あつて其事露顕に及び、男は刑せられたが王女なれば殺すに忍びずして、此の如くうつろの舟の中に入れ、生死を天に任せて突き流したものであろう。然らばその大切にする木の箱は、定めて愛する男の首でもあろうかなどと、言語は不通であつたと謂ふにも拘らず、驚くべき確信を以て説明する者があつたと記して居る。

実際海辺に住む人民にしては、出来過ぎた断定には相異ないが、以前も此近くの沿岸に、同じような蛮女を載せて漂着したうつぼ舟があつて、それには俎板の如きものに一箇の生首をすゑて、舟の中に入れてあつたと云ふ口碑があつたさうである。常陸の浜には今も大昔も、此種の不思議を談ずる気風が特に旺盛であつたらしい。従つて海に対する尋常以上の信用が、噂の根をなして居たことは認めてもよいが、少なくとも記述の文飾、殊に所謂蛮女とうつぼ舟との見取図なるものに至つては、いい加減人を馬鹿にしたものである。官府の表沙汰にすると雑用手数が容易で無い故に、先例に由つて再び元の如く女を舟に入れ、沖に引出して押流したと謂つて、是以外には一つの証跡も残らぬのだが、舟の中に書いてあつたと称して、写し取つて居る四箇の異形文字が、今では最も明白に此話の駄法螺なることを証明する。」

柳田氏は、頭ごなしに「駄法螺」と否定したわけでない。柳田氏は次にように続ける。

「勿論自分たちには近世の僅かな知識を根拠にして、古人の軽信を笑つて見ようと云ふ考へは無い。第一そんな舟、そんな亜米利加の王女などが、流れて来る筈が無いと謂つて見たところが、然らば何故に是だけの事実、もしくは少なくとも風説が出現したかと問へば、今だつて答へ得る者は無いのである。単なる耳目の誤り又は誇張であつたとしても、何か基づく所がなければならぬ。仮に丸うそであつたにしても、斯う謂つたら人が騙されると云ふだけの見込が最初から有つたものと思ふ。現代の文学才子が必ず実験したであらう如く、作り話が喩へば鍍金のやうなものならば、其土台もやはり梢々安つぽい金属であつて、決して豆腐や蒟蒻では有り得ない。どんな空中楼閣にも足場があつた。或は無意識にかも知れぬが、いつの間にかうつろ舟とは斯んな物と、人も我も大凡きめて居た形式があつた為に、其寸法に一致した出鱈目だけがたまたま右の如く成功し得たのである。人間は到底絶対の虚妄を談じ得る者で無いと云ふことが、もしこの「うつろ舟」から証明することになるやうなら、是も亦愉快なる一箇の発見と言はねばならぬ。」

柳田氏は、冒頭に自身が編者の『近世奇談全集』続帝国文庫・第四七編・博文館から『三州奇談』「安宅石像」を引用する。『兎園小説』は、おそらく同時期の増補版『百家説林正編下巻』吉川弘文館所収の『兎園小説』を見ての論評とみる。『柳田文庫蔵書目録』は『百家説林続編』しかないのは直後に刊行された『日本随筆大成』と入れ替えたのだろう。柳田氏は「当時の筆豆人の随筆には幾らも出て居る」というが、同じ『百家説林正編下巻』にある柳原紀光『閑窓自語』にある「異船漂着加賀語」のうつぼ舟の話だろうか。日本随筆大成本から「異船漂着加賀語」を次に記す。

同しき（寛永八年）正月二日加賀見のこしといふ所へ、異国の小舟一そふよりきたれり。うちに美人壱人男のこの首ひとつのせたり。彼舟びいどろはりにて、見なれぬさま也。言葉つうせされとも、此男女君を弑するのつみによりてながすよしかけりとなん。このこと国守へ申せしかと、とりあくへからずとて、又もとのことく、海へなかしつかわし侍るとなん。

［現代語訳］
寛永八年（一六三一）正月二日加賀見のこしといふ所へ、異国の小舟が一隻寄せ来った。舟の中に美

人一人と男の首一つ乗っていた。この舟はビイドロ（硝子）張りで見慣れぬものである。言葉は通じなかった。国王を殺した罪で流されたのだろう。国守（領主）に申し出たが、取り上げるべからずというので、また元のように、海に流した。

柳田氏は、『兎園小説』「うつろ舟の蛮女」とよく似たうつろ舟が、大昔にやはり常陸国豊浦湊に漂着して、漁夫に助けられた話を紹介する。井沢蟠竜『広益俗説弁』附編（享保四年・一七一九）である。『広益俗説弁』は「俗説の誤りを信」ずる蒙を啓かんがための著述と蟠竜はいう。俗説という説話を弁ずるのに、和漢古今の書物で考証する。「蚕飼の始の説」を『広益俗説弁続編』東洋文庫から引用する。

俗説に云、欽明天皇の御宇、天竺旧仲国霖異大王の女子を金色女といふ。継母にくみて、うつほぶねにのせてながすに、日本常陸国豊浦湊につく。所の漁人ひろいたすけしに、程なく姫病死し、其霊化して蚕となる。是、日本にて蚕飼の始なり。今按ずるに、此の説は『蜀方志』『代酔編』『捜神記』等載馬頭娘が事を、日本の事とせるものなり

柳田氏は、蚕飼の始の俗説は中世の作り言だろうが、起源は必ずしも簡単でないとして、中国最古の伝説集、干宝『捜神記』を紹介する。蚕の神の信仰に参与する人々は馬頭娘の旧伝を取り入れ、それとうつろ舟の漂着とを、継ぎ目を知れぬように継ぎ合わせたのは、海国にすむ民の長年にわたる考え方に

よるものという。『捜神記』東洋文庫の竹田晃氏の現代語訳から「馬の恋」を次に引用する。

大昔、ある大官が遠方に出征し、家には娘が一人いるほかは、誰も残っていなかった。この家では牡馬を一匹飼っており、娘は親身になって世話をしていたが（中略）馬に冗談を言った。「お前がお父さまをお迎えに行って連れ帰って来ることができたなら、私はお前のお嫁さんになってあげるよ」すると馬は、この言葉を聞くなり、手綱を引きちぎって走り去った。馬は一目散に父親のいる所へやって来た。（中略）馬はいま来た方向を望んで、しきりに悲しそうな鳴声をあげる。父親は「なにもしないのにこの馬がこんなに鳴くとは、我が家に異変が起こったのではあるまいか」と言うと、大急ぎで馬を走らせて帰った。（中略）ふしぎに思った父はそっと娘に尋ねてみた。すると娘はいろいろ父親に打ちあけて「きっとそのせいだわ」と言った。すると父親は「誰にも言うな。家門の恥になる。お前は家から出ないようにしていろ」と言い、石弓をしかけて馬を射殺すと、皮を剥いで庭に干した。ある日、父親が外出したあと、娘は隣りの娘と皮のそばでふざけていたが、皮を足で踏むと、こう言った。「お前は畜生のぶんざいで、人間をお嫁さんにほしがるなんて、殺されて皮を剥がれたのも身から出たさびだわ。なんだってそんなまねをしたのよ」その言葉がまだ終らぬうち、馬の皮がさっと立ち上がったと思うと、娘を包み込んで飛び去った。（中略）その後、数日してから、庭の大木の枝の上に、娘と馬の皮が発見された。どちらも蚕と化して、枝の上で糸を吐いている。その作る繭は、普通の繭とは違って糸の捲きかたが厚く大きく、隣りの女房が枝からおろして育てたところ、通常の数倍も糸が取れたのであった。そこでその樹に桑と名づけた。桑（そう）とは喪（そう）の意味である。それからというもの、農民は競ってこの品種を育てるようになった。今の農家の飼っている蚕が、これである。それを桑蚕とよぶのは、伝説の蚕の名残をとどめているのである。

大正十五年（一九二六）に柳田國男氏が提示したいくつもの事柄は、現在でもそのままである。現代の文学（学問）才子から「柳田はUFOを知らないからだ」という指摘をうけたら何と応えたであろうか。作り話が例えば鍍金（メッキ）のようなものならば、その土台もやはり梢々安っぽい金属とは限らず、現代の技術では豆腐やコンニャクでもメッキが可能であろうが、自身で確かめることも、思考もしない脆弱な土台だとでも言ったか。

筑摩書房『定本柳田國男集』・『現代日本文學大系』の附記は、「昔話と文学」の「うつぼ舟の王女」と、「海南小説」の「炭焼小五郎がこと」を併せて読むことを薦めている。

「うつぼ舟の王女」は西洋の話で、姫と貧乏な男とその間の双子の四人を、父王がうつぼ舟で海に流した。この男は魔女の子供に優しくしたことから、魔女から願いをかなえる力を与えられていた。うつぼ舟を屋形船に変えて元の陸地に帰った。姫に大きな御殿を願って下さいと言われその通りとなった。姫が男にりりしい美青年になるよう願って下さいと言うとその通りになった。四人で御殿に住んでいると、父王が狩りで通りかかった。一部始終を知った王は婿の一家を王城に呼び迎え、其国を相続させた。柳田氏は自分のもつ力の大いなる価値に気がつかず、これを利用しないのは、日本では炭焼長者の話として伝わるという。そしてわずかな人間の智慮で、勝手にこの世の出来事を批評してはならないという教訓があると言う。

「炭焼小五郎がこと」は南九州の大隅半島の佐多岬から始まり、全国にある炭焼長者の伝承の共通する点を列挙する。第一は、極めて貧しい若者が、山中で一人炭を焼いていた。第二は、都から貴族の娘が、かねて信仰する観世音のお告げで、押し掛け嫁にやって来る。第三は、炭焼は花嫁から小判か砂金をもらって、市へ買物に行く途中で、水鳥を見つけてそれに黄金を投げつける。第四は、なぜ大切な黄金を投げ捨てたと戒められると、あれがその様な宝であるのかと言って、拾って来るとすぐに長者になってしまう。昔物語の破片が、いつの間にか来て取り付くことは、あたかも米を寝かせると麹となり、木を伐倒して置くと椎茸が成長するのと同じような作用である。口から耳へ伝承する文学の、書籍以上に保存が難しく、なにかの原因で保存を業とする者が無ければ、たちまち散乱して元の形を留めず、その中の印象強い部分だけが記憶に残る。こうして広い地域に事情が同じ話の種が播いてあるか尋ねる必要があると言う。

柳田國男氏は、民俗学者として日本各地の過去から当時までを眺め、外国の例を含め「うつろ舟」を俯瞰して示した。本書では、享和三年またはそれと推測される漂着で四つの異形文字が有るものに対して歴史的な面の検証を行うものである。柳田氏は「四箇の異形文字が、今では最も明白に此話の駄法螺なることを証明する」と言う一方で「もしこの「うつろ舟」から証明することになるやうなら、是も亦愉快なる一箇の発見と言はねばならぬ」と断じている。それでは「四箇の異形文字」が駄法螺でない検証を後章で行う。

三　空を飛ばないＵＦＯの話

テレビの番組で、『兎園小説』「うつろ舟の蛮女」は馬琴の創作で、同じ様な図と詞書のかわら版の作者も馬琴であるとしていた。出典とされた『江戸「うつろ舟」ミステリー』を取り寄せてみると、興味深いが違和感がある。別のテレビの街歩き番組で、芸人が雑司ヶ谷（豊島区）の鬼子母神に着いて「おそれいりやの鬼子母神」とはしゃいでいる。これは「おそれ入谷の鬼子母神（台東区）、びっくり下谷の広徳寺（広徳寺は台東区に元は有ったが現在は練馬区に移転）」と言う駄洒落の言葉遊び。言葉を弄ぶ芸人でも現代ではこの洒落が理解できなくなっている。これと同じ違和感である。

加門正一（田中嘉津夫氏のペンネーム）『江戸「うつろ舟」ミステリー』楽工社は、『兎園小説』「うつろ舟の蛮女」を柳田國男氏の見解を肯定した上で、牽強付会にかわら版摺物（船橋市西図書館郷土資料室蔵「鹿島郡京舎の濱漂流船のかわら板ずり」）の存在から「うつろ舟の蛮女」を馬琴の創作とするユニークで大胆な解釈をしている。

この本を知った番組は、ＮＨＫのテレビ番組〝幻解！　超常ファイル江戸ＵＦＯ漂着事件〟である。

番組を書籍化した『NHK幻解！　超常ファイル　ダークサイド・ミステリー』NHK出版（二〇一四）が刊行されているので、番組の概要を確認することができる。

田中嘉津夫氏は曲亭馬琴が全ての黒幕で、かわら版摺物「うつろ舟の蛮女」も馬琴の筆によるものとして、筆跡鑑定を試みている。曲亭陳人敬識と署名のある「衣襲明神」錦絵もかわら版刷物の蛮女に似ているから馬琴の描いたものという。かわら版刷物が最初に作られ、兎園小説に継承されたと主張される。この書籍自体がミステリーである。違和感のあるところを次のようにまとめてみた。

一、国立公文書館『弘賢随筆』の「うつろ舟の蛮女」は「これは筆者が指摘するまで存在自体が知られていなかった挿絵である」とあるが、調査開始時点の一九九七年以降のことであろうか。新版『日本随筆大成』一九七三年刊の『兎園小説』解題に「原稿の一部が内閣文庫の『弘賢随筆』の中に綴込まれており、馬琴が子息琴嶺のために文の代作をしている事も知られて興味多いと、森銑三氏は報じておられる」とある。森銑三氏の報文は『日本古書通信』の連載「落葉籠」で一九五九年の掲載である。「兎園会には馬琴の息琴嶺も加はつてゐたのであるが、その琴嶺の原稿も、馬琴が書いてやつてゐることが『弘賢随筆』で分かつたように思ふ。（中略）各自自筆の原稿が一部分でも『弘賢随筆』に依つて知られるのが珍しい」。田中嘉津夫氏は典拠に『日本随筆大成』の『兎園小説』を示すが、解題を見ることはないのだろうか。先学の成果は活用することが大切と思うのだが。天理図書館『兎園小説』と『弘賢随筆』「うつろ舟の蛮女」を比べると、森銑三氏の報じておられるように同筆に見えるのだが。

二、馬琴の手稿を集めて、かわら版刷物との筆跡鑑定行っているのが奇妙である。「うつろ舟の蛮女が掲載している『兎園小説』が馬琴の自筆であれば最適なのだろうが。著者は琴嶺とされているので不採用とした」と判断されるのはよいが、『内閣文庫未刊行資料細目、下、内閣文庫、昭和五三年』を見て第五十五冊目の「うつろ舟の蛮女」を確認したのなら、第七冊目が馬琴の稿本を纏めたものと分るはずである。そこには『兎園小説』第三集「五馬、三馬、二馬」、第四集「七ふしぎ」の馬琴の自筆稿本が含まれている。『兎園小説』「うつろ舟の蛮女」と比較して、「うつろ舟の蛮女」を馬琴自筆と判定できた可能性がある。新版の『音訓引古文書大字叢』柏書房を間に置いているが、正しく読み取れているか疑問である。一例として「之」の比較で、かわら版の「すじかねなんばんてつ之」・「すいしょう之」は「すじかねなんばんてつ也」・「すいしょう也」の誤り。参考自筆は出典不明で判断できない。鶯宿雑記の「至て美女之」・「窓はびいとろ之」は「至て美女也」・「窓はびいとろ也」の誤り。漂流記集の「如斯の文字有之」・「金にてマダラニ筋有之」は正しい（所蔵の岩瀬文庫による書下しによる）。「之」と「也」の混同がある。筆跡鑑定が正しく行われたと思えない。

三、曲亭陳人の署名のある「衣襲明神」錦絵に係わる「馬琴日記」の取扱いも奇妙である。「この日記は大部分が焼失してしまい現在に伝わるのは（中略）一部分だけであるのだが、幸運なことにそれと思われる文章を発見できた」とあるのだが、文政十年の日記は完全な形で残っている。それを部分的に抽出して示して、かわら版刷物の作者を衣襲明神と同一人物すなわち馬琴としている。日記を正しく引用すると「正月廿日、夕七時過、鶴や喜右衛門、為年始、来ル。（中略）蚕飼の祖神の像賛之事被頼之、右写本預りおく」「三月七日、昼八時比、鶴や喜右衛門来ル。右ハ、先達而被頼候蚕飼の祖神衣笠明神、鹿嶋へたづねニ遣し候所、鹿嶋末社にハ無之、五里程隔り、千手院といふ寺に有之よしニて、神影一枚持参」「三月十九日、つるやのたのミ蚕の祖神の賛、昼後迄ニ稿し了ル」となる。

正月二十日に鶴屋喜右衛門が画像を持参して賛を頼んできた。三月七日、鶴屋喜右衛門の手配により、鹿嶋にある千手院（星福寺）の蚕飼の祖神の神影を持参してきた。三月十九日、鶴屋喜右衛門が依頼してきた蚕飼の祖神の画像の賛を書き終えた。「衣襲明神」の絵姿は鶴屋喜右衛門が持参した物、鹿嶋の千手院に行ったのは鶴屋が手配した者。馬琴が絵姿を描いたわけではないし、馬琴自身が鹿嶋まで出掛けたわけでもない。

『兎園小説』「うつろ舟の蛮女」の成立に、「かわら版刷物」が係わった可能性は否定できないが、曲亭馬琴が全ての黒幕で、かわら版刷物「うつろ舟の蛮女」も馬琴の筆によるものという主張は肯定できない。「かわら版刷物」が『兎園小説』の出典の一つであるという報告なら有用であったのに、残念である。常陸国に蛮女（外国の女）が漂着した事には、中世から続く伝説がある。「かわら版刷物」が作られたのは、常陸国に再び漂着したということなのだろうか。

屋代弘賢の『弘賢随筆』はあとから付けられた名称で、兎園会や耽奇会原稿などを綴りあわせた稿本で、いわゆる随筆ではない。馬琴の筆跡確認に、兎園小説の「五馬、三馬、二馬」の原稿を国立公文書館の公開画像で比較し、確かめられた。

「蠶養守護神衣襲明神真影」　国文学研究資料館（日本実業史博物館準備室蔵）

二〇二〇年の新型コロナウイルス禍で流行ったかわら版があった。妖怪アマビエ（アマヒコの誤記という説もある）で肥後国の海中に現れ「私は海中に住むアマビエと申すもの。今年から六年間は諸国で豊作が続くが、病も流行する。早々に私の姿を写して人々に見せよ」と言って海中に消え去ったという。インターネット上で多くの人が姿を描き、作品がうまれ『みんなのアマビエ』と書籍化された。このアマビエは一九六〇年に発表されている、小野秀雄氏『かわら版物語』である。『かわら版物語』には、兎園小説に報告された事柄によく似た風説の「かわら版刷物」が多い。かわら版の「破風山の亀松が孝勇」「神童奇産物語」は兎園小説の記事内容そのままである。

「衣襲明神」錦絵の取扱いについては注意が必要である。『江戸「うつろ舟」ミステリー』と『ＮＨＫ

幻解！　超常ファイル』（番組の書籍化）の錦絵は同じ図柄だが、同一の物ではない。後者は右の余白にシミが有り、『養蚕秘録』日本農書全集三五巻所収の口絵に有る物と同一である。これは改版のようで、初版は右の余白に「蠶養守護神　衣襲明神真影」が有り、画像の下の「通油町鶴屋喜右衛門梓」が無い。改版は蠶養守護神衣襲明神真影の文字を削り、版元の通油町鶴屋喜右衛門梓を埋木した物と考えられる。初版の画像は日本実業史博物館準備室蔵（国文学研究資料館の画像データベース）で画像を確認できる。

二〇二三年NHKのニュース番組「首都圏ネットワーク」は、水戸市にある常陽史料館を会場に「不思議ワールド　うつろ舟」展が一月二十四日～三月十九日開催されるという紹介があった。茨城県内のイベントで過去に展示された現代アートのオブジェと絵入の古記録に最近茨城県内で発見された「日立文書」・新たな馬琴自筆『兎園小説』が加わる。筆者は常陽史料館に行ってないが、現地の友人にリポートしてもらい、「「常陸国うつろ舟奇談」の謎」を特集する『常陽藝文』二〇二三年二月号を送っていただいた。番組では、学芸員ではなく田中嘉津夫氏が実名で登場して解説している。『兎園小説』は新たな馬琴自筆本発見という喜ばしいことで、「日立文書」は「日立市内の、江戸時代に海岸防御に携わった郷士の子孫の家の倉から天保年間（一八三〇～一八四四）の『異国舩（船）渡来御届書』とともに発見された」（『常陽藝文』）という興味深い発見である。新発見『兎園小説』は記載日から馬琴の息興継が存命中のもの。「日立文書」は来歴がわかる貴重なもの。素晴らしい発見だが、相変わらずの史料吟味の不十分。新しい「うつろ舟」が出て来ても『兎園小説』の自筆がまだあったという国文学上の発見だが、「日立文書」は記録の性格がわかる歴史学上の発見である。田中氏も、「かわら版刷物」も馬琴の制作という説は引込めたようだが、UFO説は健在だ。

空を飛ばないUFO（享和三年のうつろ舟）を示す文書が、各地で発見されていることを考えると、一度UFO説を離れて、十九世紀初頭に幕府が風聞を禁じた事柄に行着く。柳田國男氏はUFOを知らなかったというのなら、福沢諭吉氏（一八三四年生れ）は知っていたが、一八七五年生れの柳田國男氏は文化露寇を知らなかったのだろう。

田中氏は『常陽藝文』のコラムに執筆して「科学史を講義して…学生たちに超常現象を考察させる「懐疑思考」という講義を始めることに…さまざまな教材を集める中、この〝うつろ舟〟と出会った。次から次と古文書も見つかっていて、これは単純な作り話ではない、実態のあるミステリーです」とある。講義に使われたのは、マイケル・W・フリードランダー著、田中嘉津夫ほか訳『きわどい科学』のようで共訳者の担当部分に「UFO」が含まれる。訳者あとがきに「翻訳全般に対しては両訳者に責任がある」という。飛ばないUFOをどう講義されたのだろう。

『きわどい科学』第8章「新聞雑誌の紙面を賑わすトンデモ科学の正体・UFOとその乗員たち」では「私たちはしばしば自分が見たいと思っているものを見てしまうもので、私たちの想像力は、実際に目に届いた信号と、後になってから思い出したことを容易に取り違えてしまうものなのである。心理学者は繰り返しこの問題を指摘しており、また弁護士たちは、数えきれないほどの裁判の場で、この誤認という問題を武器として証人に立ち向かってきたのである。とくに未確認飛行物体とか、空飛ぶ円盤と呼ばれているものの話題となると、この誤認という問題が際だってくる」という。飛ばないＵＦＯは対象としていないが、飛ばないＵＦＯの文書の解釈は誤認そのものに見える。

田中氏は、茨城県神栖市広報「広報かみす」二〇二四年三月一日号の特集舎利浜とうつろ舟・江戸時代のＵＦＯミステリーの取材に応じて「舎利浜でＵＦＯや金色姫伝説に思いをはせて、ミステリーを解くアイデアを考えてみてはいかが」とメッセージを寄せる。馬琴黒幕説から離れても、金色姫伝説に乗り換えてＵＦＯ説に拘っている。享和三年（一八〇三）に金色姫が再び常陸国に漂着したということか。あるいは伝説の金色姫が時空を超えてＵＦＯに乗って到着したということか。読者の判断に丸投げは無責任である。

四　見世物になったうつろ舟

駒井乗邨の『鶯宿雑記』は、雑録で見聞記もあるが風説や書物の抜書も含まれる。鶯宿雑記の「常陸国うつろ船流れよりし事」を翻刻で示す。

一　享和三年亥八月二日常陸国鹿嶋郡阿久津浦小笠原越中守様知行地より訴出に付、早速見届に参候処、右漂流船其外一向に相分り不候に付、幸太夫え遣候由之。紅毛通じも参り候へ共相分り不申候由。ウツロ船の内、年の比廿一二才ニ相見エ候女一人乗、至て美女也。船の内に菓子清水も沢山に有之。喰物肉漬の様成品、是又沢山に有之由。白き箱一つ持、是ハ一向に見せ不申。右の箱、身を放さず。無理に見可申と候へバ甚怒候由。船惣朱塗窓ハびいどろ也。大きさ建八間余、横十間余。右ハ、予御徒頭にて江戸在勤のせつの事也。江戸にて分かり兼、長崎へ被遣と聞しが、其の後いづれの国の人か分かりや聞かざりし。

挿入文：乗邨按に、幸太夫ハ勢州白子の船頭而、オロシヤへ漂流し幸太夫なるべし。今、小石川御薬園ニ被差置。予もオロシヤ文字を手筋有て訳貰し（解釈の助力を受けた）。

駒井乗邨の記事は伝聞で、実際には別のかわら版を筆録したのだろう。人物が歌舞伎のみえを切る様な姿で、舟も芝居の大道具の様で上部に「亅フムスリヲトル穴」の注記がある。「踏む摺りを取る穴」で「そこに留めたり上下させる穴」の意味なのであろうか。「亅」は吊り上げ下げのための鈎に見え、全体として芝居見立ての見世物の引札にみえる。

挿入文（書込文）に、本文中の「幸太夫」はラクスマンの来航の際に帰還し、小石川御薬園（現在の小石川植物園）にいる、ロシアに詳しい大黒屋幸（光）太夫という。「分からず」と言いながら「幸太夫」を呼ぶのは、ロシア人の漂着で蝦夷地での乱妨（露寇）を婉曲に示しながら、「分り不申」と断定は避けている。露寇事件の公表を禁じているためだ。

『鶯宿雑記』は、久松松平家の家臣で、幕閣老中筆頭を勤めた松平定信に三十年程も仕えた駒井乗邨

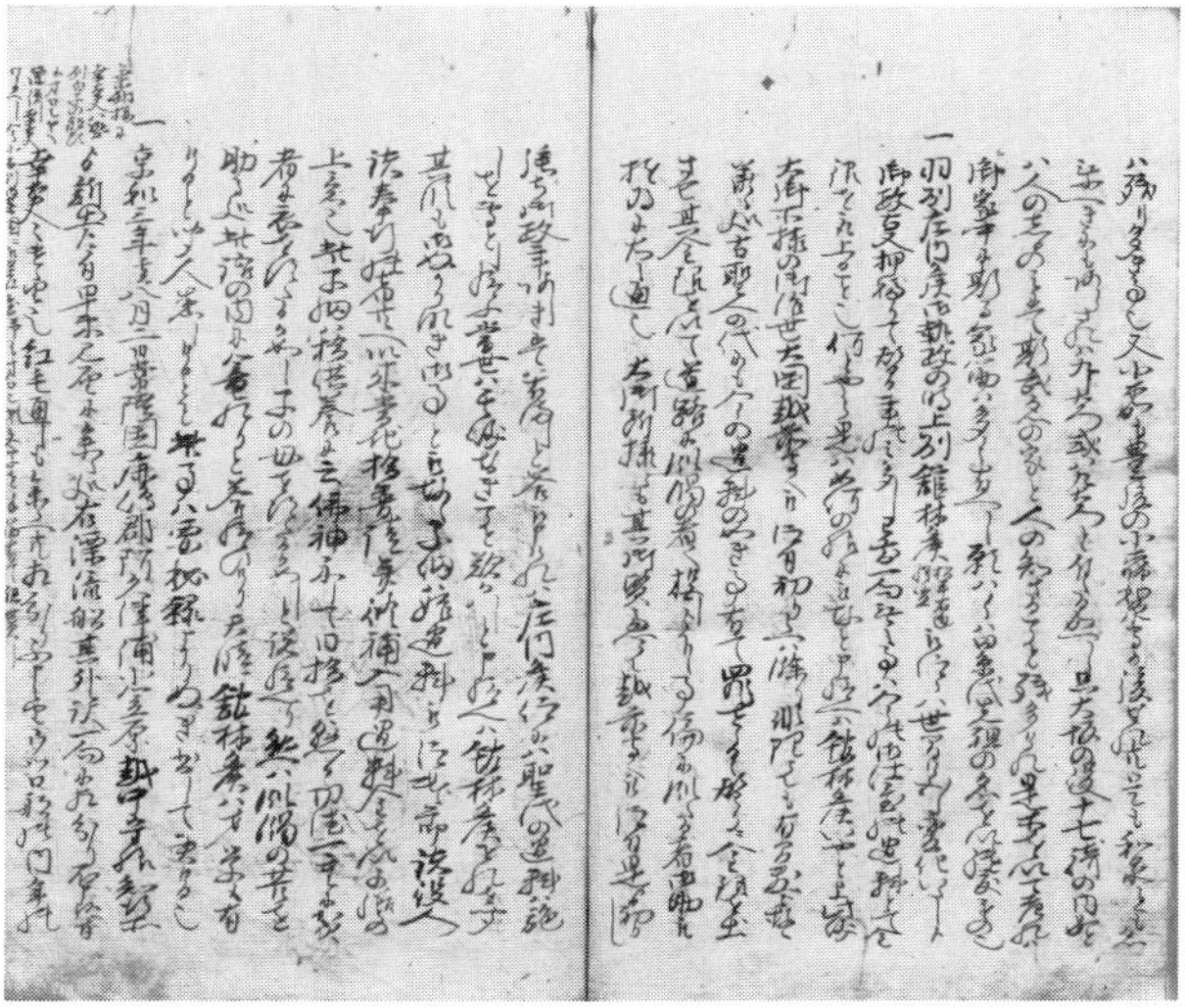

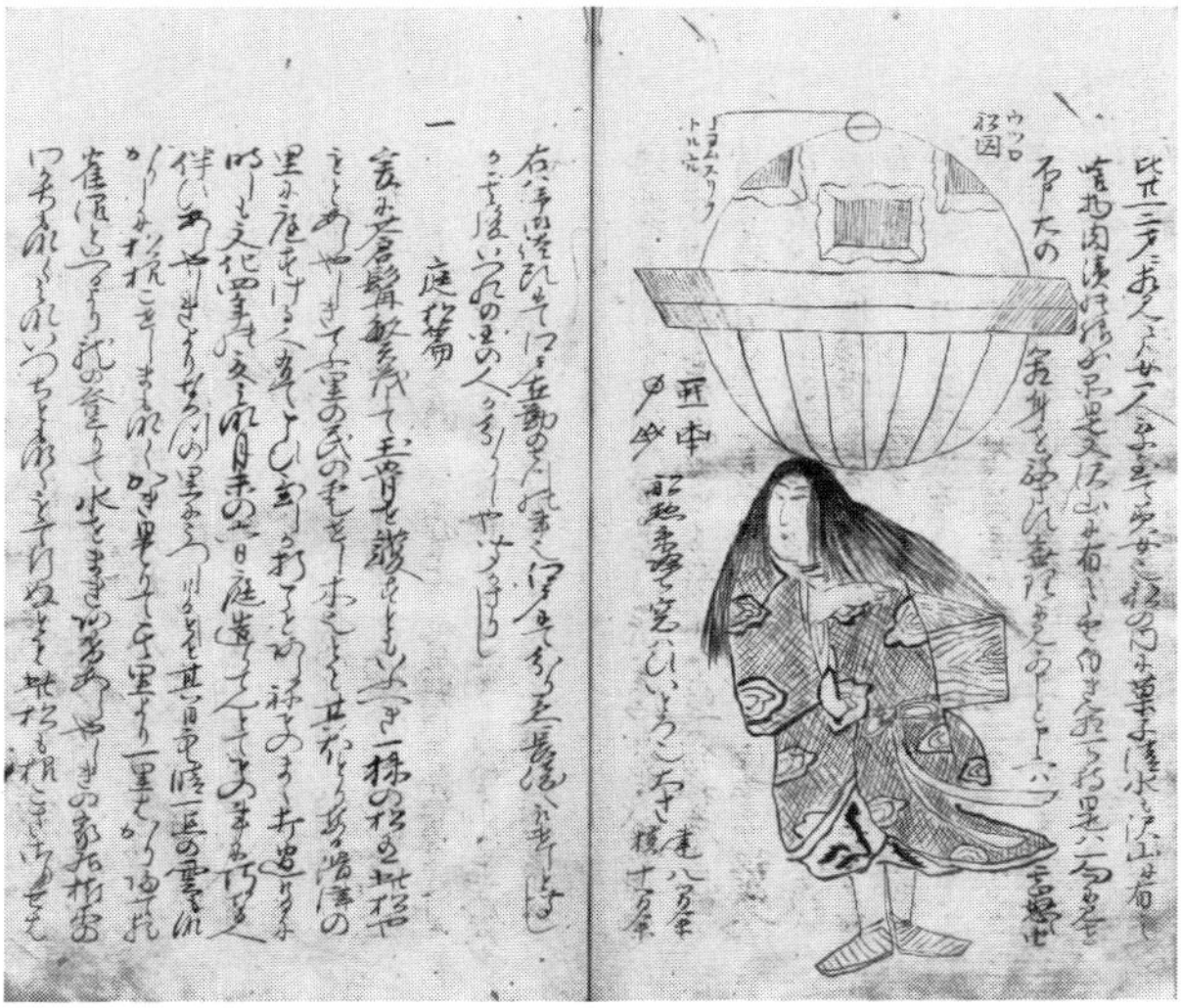

『鶯宿雑記』「常陸国うつろ船流れよりし事」　国立公文書館蔵

が、長年にわたり書き留めた叢書で、自らの号を書名に付したものである。序文には、文化十二年（一八一五）とある。同年は鶯宿が五十一歳の時で、この後三十年間、六百巻を書き続ける。叢書は、この年から書き始めたものであろうか。登載すべく予め準備された書付類は相当な数に上った様で、百十巻位迄は、それ等を書継いだ様である。巻十四に「常陸国うつろ船流れよりし事」が記載される。鶯宿の略歴は、田中栄一氏「『鶯宿雑記』内容紹介と検索」にあるのでこれを次に紹介する。

編者駒井鶯宿の略歴は、桑名市内の寺院、長寿院にかつてあった彼の墓銘に依り、知る事が出来る。これは、同院に現存しないようであるが、幸い『桑名市史・補篇』に、全文が収録されている。これに、本叢書や桑名郷土史資料等から知り得た事柄を加えると、その人物は次の如くである。駒井鶯宿、名は乗邨（のりむら）、字は君衆、通称を忠兵衛と称した。鶯宿の他に、春院・梅軒・喜隻の号がある。明和三年（一七六六）に、久松松平家の家臣田中忠右衛門の次男として奥州白河に生れた。駒井家を継ぐが、初めは九十石取で、馬廻り以後は大小姓、記録役、使番、物頭、用人、奉行、郡代、鉄砲頭、宮奉行、大目付、江戸詰奉行を歴任し、この間に二十石の加増を二回受けて、百三十石取となり、江戸家老の欠けた時は、その職務を兼ねたという。この間、主家が、白河から桑名へ転封された際は、先発して庶務を経理した。又志摩国の窮民が蜂起した時は、鉄砲頭であったが、四日市へ赴き、進止したという。七十歳の時に大目付を勤め、藩主の東勤に従い護衛をなす。この後に、江戸で家老の職を兼務したのである。『雑記別録　巻三七』に天保十五年（この年改元、弘化元年）正月、大病と書き入れがあり、この時七十九歳である。間もなく、老いを理由に辞し、弘化三年（一八四六）一月二十日に、御帳の為登城したが帰宅後、中風が起こり同月二十二日に没した。享年八十一。仕えた主君は、定邦から定信、定永、定和、猷（みち）に至る五代、在職する事、実に六十八年に及ぶと墓碑にある。博く書籍を渉猟したのは勿論であるが、『桑名人物誌』によると、書写したもの『鶯宿雑記』と合せて、千余巻に達したという事である。かかるが故に、藩内で、その博識を知られ、中でも歴史・和歌・俳門の書物を好み、徳川家や松平家に関する故事来歴、戦記物に精通していたという。和歌は、水野為長（歌人荻原宗固の次男・田安家の水野氏を継ぐ。田安家からの定信の附人。定信の信頼が特に篤かった。）を師とし、俳諧は、当時奥州方面でも盛んであった、蕉門の三世雪中庵の影響を、実父共ども受けて宗匠と立てられた。地誌・風俗への関心も、ひととおりでなく、遊歴には、紀行文をものしているが、その様な関係からであろうか、屋代弘賢が、『諸国風俗問状』を諸国へ発した際には、白河領分の担当を同藩士田内月堂（定信側役）から依頼され、土地の古老の協力を得て、編集回答した。他に『白河風土記』の編纂作業へ参加している。定信をことのほか尊崇していたと思われるが、遺事撰修作業にも従事したという。書画の嗜みもあり、その収集するところ藩主から鴻儒・碩学のものに及んで夥しい数であったという。趣味は、囲碁・謡・釣を好んだようで、本資料中にも散見する。

『鶯宿雑記』が通常注目されるのは、松平定信が老中首座のときに、側近の水野為長が定信の閲覧に供した大量の諜報記録（のちに『よしの冊子』と名付けられた）の複写本が含まれることである。前述の田中栄一氏の解説を引用する。

よしの冊子、巻四五三～四五八、四六六～四六八、四八一～四八九所収。昭和六年頃（一九三一）、森

銑三が、この叢書を調査された際にこの『よしの冊子』を見出され、同七年雑誌『本道楽』に「よしの草子抄」を発表された。更に下って、昭和五十五年『随筆百花苑』八・九巻（中央公論社）へ、安藤菊二等が翻刻・解説して紹介された。これを利用されれば、便利と思うが、とにかくこれは、叢書中の随一というよりも寛政改革期の政治、経済、社会、文化を知る上での、一級史料といえるのではないかと思う。定信が、老中筆頭勤役中、田安家以来の側近水野為長（この人は鴬宿には和歌の師でもある）が、府内はもとより、全国津々浦々までの風聞を集め浄書して、定信へ呈じたものである。定信の没後、同じ側近田内月堂が、遺された文箱の一つから発見し、自ら抄写、それを更に鴬宿が託されて、この叢書へ収録したのである。文中の一段落毎に「……のよし」と有るところから月堂が、「よしの冊子」と名付けたのである。定信は、多くの隠密を使って情報収集を行ったといわれているが、これは、その証拠の一つとなる記録である。内容の大半は、当時の幕府や大名家等の人物評判聞書で、情報への信頼度の問題は残るとしても、ある特定人物が、どんな批評を受けていたかを知る有力な史料でもある。叢書中十八巻を占める膨大な記録で、名のある人物はもとより、下士の人達も対象とされていて、こんな些細な事も報告されていたかと思うと、戦慄を覚える程である。定信退任頃の、彼自身への批判も載っている。とにかく、この史料は、大変興味を引かれるものを持ち、一読の価値がある。なお、叢書では「よしの双子」、「よしの冊子」・「吉野冊子」とそれぞれに、異なる書名が付されている。巻四五三巻頭に、田内月堂の文政十三年（一八三〇）閏三月付の序文があり、大凡はこれで知れる。為長の文で、二百冊計もあったとあり（実際は百六十九冊）、それから月堂が抄写した事が知れる。巻四八九の終りに鴬宿の筆で「天保七申十一月廿三日うつし畢ぬ」とある。月堂は「藩外の人へ猥りに見せぬ様に」いい、嶌宿は「猥りに他へもらす不可」と記して、両者の違いを見せる。

五　尾張国のうつろ舟

これをここに記したのは、『兎園小説』の「うつろ舟の蛮女」に先立つ、日付のはっきりした記録で記録者も明確だからである。享和三年以前の記録である。

尾張藩士朝日定右衛門重章の日記『鸚鵡籠中記』の元禄十二年（一六九九）六月五日の条に「空穂船」の記載がある。朝日重章のことは神坂次郎氏『元禄御畳奉行の日記』中公新書で知られている。ちなみに、重章が御畳奉行に昇進したのは元禄十三年のことである。『鸚鵡籠中記』の全文は名古屋市教育委員会発行の「名古屋叢書続編」の第九巻から十二巻に翻刻されている。この日記の全文を筆録したものは唯一徳川林政史研究所蔵本である。塚本学氏は『摘録鸚鵡籠中記（下）元禄武士の日記』岩波文庫の解説で、「自筆本ではなくやや後年の写本であることはたしか」とし、「巻によって筆跡に差があることはたしか」としている。「本文の注記のかたちをとる記述は随所にみられ、後日の写本との判断にたつと、このいくつかが、原本への加筆、増補であった可能性は残る」とする。その根拠として「元禄十四年正月二十一日条の長崎の喧嘩記事に享保二年刊行の本が参照されるなど、後人の手になるかとの疑念を残す部分がある」とする一方で「とはいえ『鸚鵡籠中記』が基本的には朝日重章の丹念な記録の所産であり（中略）その生存期にかれが入手した情報によるものであることはまちがいあるまい」と認めている。塚本学氏は享保二年（一七一七）刊行の本は『諸国武道容気（かたぎ）』としている。空穂舟の該当箇所を次に記す。

今日熱田海へ空穂船着（割註：頃日伊勢にあり流れ来ると）。窓有びいどろにて張レ之。内に宮女有。甚美也。其側に坊主の首、大釘に貫て有り。干菓子を以て食とす。書付ありて発船の日を記し、百日後は何方にても取上げべしと云々。此説専ら有て、大方見たように、吾人云ふ。或は云。金廿両ありとも云。共に虚説也。しかれども他国にも沙汰有。或人云。盗の智詐と。又は狂言の趣向にせんためか。

［現代語訳］

今日、熱田の海に空穂船が漂着した。ちかごろ伊勢で目撃されたが、それが流れ着いたのか。窓があり、硝子がはってある。船内に宮づかいをしているような女がいる。きわめて美人だ。横に坊主の首があり、その首を大釘が貫いていた。乾いて水分の少ない菓子を食糧としていた。書付があり舟が出立した日と、この日から、百日後はどこでたすけ上げてもよろしい。こうした取沙汰が行われ、見てきたかのように、みないう。あるいは二十両の金が有ったともいう。みな嘘である。しかし他国にもうわさがある。ある人がいうには盗人のさかしらな偽りだ。あるいは戯れ言のおもしろみにするためか。

六月五日の条の空穂船の前には「御病症脾腎の虚瀉（食べると下す）なり」と大公（藩主・徳川綱誠）が病気と記す。六日の条「公の御病気告来る」とある。七日の条「公御不例により大公の医、三の丸様之医共に江戸へ下る」とある。八日の条「公訃出雲守様迄告来る。今朝出雲守早駕物にて、大公之下屋敷へ御入。或云御のり物に綱を付て引きしめ玉ふと虚也、余り早さにかく云歟。（中略）頃日紀国大納言及獲麟（臨終）と。或云三日に卒すと、共に虚誕（大げさな嘘）也」と記す。

五日の条の割註は「頃日（けいじつ）」で始まるが、重章の日記では風聞を記録する際によく記される文字で「ちかごろ」を表す。八日の条も「頃日」と記される項目がある、朝日定右衛門重章が実際に見た記録ではなく、市内の風聞を書き留めたものである。空穂船の漂着の噂は、病気で養生している大公のことを思ってのことで事実だろうが、空穂船の「今日熱田海へ空穂船着」の後にある詳細な内容は後の人による加筆の可能性は残る。

『鸚鵡籠中記』の空穂船は「享和三年のうつろ舟」とは区別して考える。これは、柳田國男氏などの民俗学者の考察に委ねるべきである。

第二章　奇妙なかわら版の存在

一　養蚕に関わる金色姫伝説

常陸国豊浦湊にうつろ船の蚕女が漂着したという古い伝承がある。日本の養蚕の始めという金色姫伝説である。享和三年正月刊の上垣守國『養蚕秘録』全三巻の養蚕技術書は詳細な技術を伝え、養蚕の始めの歴史も伝える。金色姫伝説を「養蚕秘録」『日本農書全集三五』農山漁村文化協会の粕渕宏昭氏の翻刻と現代語訳で見る。

天竺霖異大王の事

或書に云、むかし天竺旧中国に霖異大王といへるあり。后を光契夫人といふ。一人の娘あり、金色姫といふ。后薨じ給ふて後、大王又新たに后妃を具し給ふ。此后妬ふかく姫をにくミて、父王に讒言し、獅子吼山という所に捨させ給ふ。しかるに、天の加護にや有けん、つゝがなくましまして、獅子に乗りて旧中国に帰らせ給ふ。よつて又、鷹群山といふ所へ捨給ふ。此時多くの鷹ども来り、肉を供じて姫を育ミける。大王の臣下遥に伝へ聞、密に姫を供奉して都に帰る。后又姫の帰るを悪ミ、海眼山といふ嶋へ流し給ふ。此時、漁夫姫を助けてもとの都に送ける。后大きに怒て、臣下に命じ、御殿の庭を深く堀て姫を埋め、殺させけるに、其後土中より光明赫やきけるをあやしみ、大王堀らせ見給ふに、彼姫いまだ恙なくおハせしかバ、又桑の木のうつほ船に乗せ、滄海へ流し給ふ。然るに、此船日本常陸国豊良湊へ流寄る。浦人これを助け、介抱しけるに、幾程もなく、彼姫空しくならせ給ひ、其霊魂化して蚕と成けるとかや。

此故に蚕発の居起を獅子の居起と云、二度めの居起を鷹の居起、三度めを船の居起、四度めを庭の居起といへるは、彼姫天竺にて、四度の難に遭給ひし事をかたどりて、かく名づけし事ぞ。

［現代語訳］

インドの霖異大王についての伝説

ある本につぎのようなことが記されている。

昔、インドの旧仲つ国に霖異大王という人がいた。その妃を光契夫人といった。二人の間に一人の姫君があって、その名を金色姫といった。光契夫人が亡くなったあと、大王は新しい妃を迎えられた。けれどもこの妃は嫉妬深く、金色姫を憎んで姫の父である大王にあらぬことを告げて、姫を獅子吼山という恐ろしいところへ捨てさせた。ところが天の助けであろうか、姫は無事でおられ、獅子に乗ってもといた国へお帰りになった。そこでまた妃は、姫を鷹群山というところへ捨てさせた。しかしこのときは。多くの鷹が肉を運んできて姫を養い育てた。大王の家来はこのことを風の便りに伝え聞いて、妃に内緒で姫につきそって都へ帰ってきた。妃は姫がまたかえってきたことに腹を立て、こんどは海眼山という島へ島流しにした。ところがこのときも、漁師が姫を助けて都へ送り届けてきた。妃は大いに怒って、家来に命じて宮殿の庭に深い穴を掘り、姫を生き埋めにして殺そうとしたが、その後姫を埋めたあたりの土中から光があかあかと輝いたので大王が不思議に思われ、家来に掘らせてご覧になったところ、姫がまだ無事に生きておられた。そこでこんど大王は姫の生く末を案じて、桑の木をくりぬいた船に姫を乗せて青うなばらへお流しになった。ところがこの船は、日本の常陸国豊良の港へ漂着した。浜に住んでいた人が姫を助け、あれこれと介抱したけれども、そのかいもなくしばらくして姫はお亡くなりになった。そこで姫の霊魂が変化して蚕となったということである。

金色姫伝説は、天竺旧中国で継母に疎まれた姫が四度の苦難を乗り越え、最後はうつろ舟で海に流され常陸国豊良湊に漂着し、蚕種と飼育方法を伝えたという話である。守國が「或書に云」といったのは何であろうか。

二　中世から伝わる養蚕伝説

上垣守國『養蚕秘録』で「或書に云」とあるのは、恐らく十六世紀までに成立していた『戒言』であろう。『養蚕秘録』で「霖異大王」・「王」・「金色姫」とあるのは、平仮名書きの『戒言』にある「りんゐだいおう」・「みかと（みかど）」・「こんじきくはうこう」である。蚕の四度の眠起を、獅子の居起き・鷹の居起き・船の居起き・庭の居起きと天竺での四度の災難とあらわし、うつろ舟で日本の常陸国豊良湊に漂着したとする内容も一致する。横山重氏『室町時代物語大成第三』角川書店の翻刻から見ていく。

『戒言』（この名称の読みは「かいこ」であろうか）

むかし、北天竺國のなかに、きうちうこくと、いうくにあり、そのくにに、みかと、おはします、御なをは、りんゐだいおうと、申たてまつる

御きさきを、くわうけいぶにんと、まふすなり、又、御むすめ、ひとりまします、御なをは、こんじきくはうこうとまふしき

あるとき、きさき、なやませ給ふ事あり、しだいに、おもらせ給ひ、つゐに、はかなく、ならせ給ふ（中略）又きさき、わたらせましまさではとて、あるくにより、きさきをむかへまいらせ給ひけり（中略）かのきさき、あまりの人にかわりて、じゃけんほういつの人なり（中略）あるとき、きさきの御た

くらみには、そのくにの、かたわらに、しゝくさんと、いふやまあり（中略）かゝる、おそろしきやまへ、ひめきみを、ながしうしなふへきとて、ものゝふにあわふせて、いそき此やまへをくりすてられぬ（中略）又あるとき、かのきさきの御わさにて、ひめみやを、いよ〳〵にくみ給ひて、此たびは、おほうちより、ほととほかりし山あり、それもくにのかたわらなり、ようぐんさんと、いふ山なり、ものゝふにあわせて、ながさせ給ふ（中略）きさき、なをにくきことに、おほしめし、そのゝちは、とほき、しまへ、ながされけり、かのしまは、かいがんさんとて、ところより、はるかにへたゝりて、とほき、しまなり、ふなち、三日ちはかり、あるなり（中略）十日はかりして、だいおうは、たこくより、御かへりならせ給ふ、みかどのあふせに、ひめはと、御たつねあり、みな人、しりたてまつらぬよし申、又やとおほしめして、いそぎ、とうぐうへならせ給ひ、ゐいらんあれは、いつよりか、ほほしまさざるらん、物さびて、人もなし（中略）せいりやうてんの御はなその、ゝをにわに、ゝはかに、地より、ひかりさして、ごてんのうちを、てらすことあり（中略）いそき、もりたてまつりて、だいわうの御めに、かけたてまつれは、御よろこびは、かきりなし（中略）くわの木もちて、うつほふねを、つくり、うみのほとりに、だいわうと、ひめきみ、みゆきなりて、かのうつほふねに、つくりこめ給て、のたまわく、なんぢは、むまれたるときよりも、たゝ人にあらす、いかさま、ぶつじんさんほうの、けしんなりと、おほゆ、此くにゝいて、つらきめに、あわんより、ぶつほふ、はんじやうのくにへ、ゆられよりて、しゆじやうをも、さいどし給へとて、おんなみだと、もろともに、おきへそ、をしいたし給ふ（中略）おほくのつきひを、をくりむかへて、此あきつすの、あつまのはて、ひたちのくにとかや、とよらのみなとに、よりにけり、そのうらに、こんのたいふと、うら人あり、あるとき、つりのために、をぶねに、さほさいて、うみつらへ、こきいつ、かのたいふ、此うつほぶねを、見いだし、すはや、うき木のよるにこそ思ひ、たきゝに、せんとて、うらへ、ひきあけ、うちわりてみれは、かたしけなしや、こがねのたまを、みがきたるかことき、ひめきみ、一人まします

『戒言』は、永禄元年（一五五八）の識語のある写本で知られ、十六世紀には金色姫の伝説が既にあったことが知られる。『戒言』を出典とする『養蚕秘録』は、後世の産業に大いに影響を与えたものだが、それ以上に教育の分野で知られるのが『庭訓往来抄』である。

『庭訓往来』は十四世紀に成立した庶民用の初等教科書で、室町時代から江戸時代を通じ、明治初期まで広く普及した。形式は手紙文だが、文例集ではなく、日常生活に必要な多くの用語を示し、用語が意味する社会的な事柄を教えるものである。石川松太郎氏校注『庭訓往来』東洋文庫では「古写本で四〇種ちかく、刊本二〇〇板をこえるものが発見されている」という。その後、注釈本『庭訓往来註』が刊行され、さらに寛政八年（一六三一）八月になると江戸時代初期の代表的な注釈本『庭訓往来抄』が刊行された。『庭訓往来抄』には説明が必要で、内題は「庭訓往来註」、題簽・版心・巻末が「庭訓抄（鈔）」、「蚕養」の注には長文の解説をおこなっている。前澤明氏「庭訓往来抄「蠶養」の注として見える一説話」成城文藝二九の翻刻で見ていく。

昔北天竺國ノ中ニ舊仲國ト云國アリ其國ニ王御座ス御名ヲハ霖夷大王ト申奉ル御后ヲ光契夫人ト申ナリ又御息女一人御座ヲ金色皇后ト申キ或時后惱マセ給事有次第ニ重ラセ玉ヒ遂ニ基ナク成ラセ給フ（中略）又后渡ラセ御座マサデハトテ或國ヨリ后ヲ向ヘ参セ玉ヒケリ（中略）彼后餘ノ人ニ替テ邪見放逸ノ人也（中略）或時后ノ御巧ミニハ其國ノ傍ニ獅子吼山アリ（中略）斯ル恐シキ山ヘ姫君ヲ流シ失フベキトテ獄人ニ仰テ急ギ此山ヘ送リ捨ラレヌ（中略）又或時彼后御態ニテ姫宮ヲ彌ヨ悪ミ給テ此の度ハ大内ヨリ遙ニ程遠カリシヤマ有夫モ國ノ傍也鷹群山ト云ヤマナリ獄人ニ仰テ流サル（中略）后尚悪キ事思召其後ハ遠キ島ヘ放サレ畢ヌ彼島ハ海眼山トテ地ヨリ抜群隔テ遠キ島也舟路三日路計アル也（中略）十日計シテ大王ハ他國ヨリ還御成セ給フ帝ノ仰ニ姫ハト御尋アリ諸人知奉ラヌ由申ス又ヤト思召テ急ギ春宮ヘ入御成セ給ヒ叡覧アレバイツヨリカホバシマサヾルラン神サビテ人モナシ（中略）清涼殿の御花園ノ小庭ニ俄ニ地ヨリ光サシテ殿ノ内ヲ照ス事アリ（中略）急き守奉テ大王の御目に懸奉テバ御悦ハ無限（中略）桑ノ木ヲ以テウツホ舟ヲ作リ海邊ニ大王ト姫君行幸成テ彼ウツホ舟ニ姫宮ヲ造籠給ヒテ宣ク汝ハ生レタル時ヨリモ只人ニ非ス如何様佛神三寶ノ化身也ト覚ユ此國ニ居テツラキ目に逢ンヨリ佛法流布ノ國ニユラレ寄テ衆生ヲモ濟度シ給フベシトテ御涙ト諸共に沖ヘゾ推出シ給フ（中略）多ノ星霜ヲ送迎テ此秋津洲ノ東ノハテ常陸ノ國トカヤ豊良ノ湊ニ寄ニケリ其浦ニ權大夫ト云アリ或時浦人釣ノ爲ニ小船ニサホサイテ海ヅラヘ漕出ツ彼大夫此ウツホ舟ヲ見出シスハヤ浮木ノ寄ルニ社ト思薪ニセントテ浦ヘ引上打破テミレバ忝ヤ金玉ヲ瑩キタルガ如クナル姫君一人御座ス

『庭訓往来抄』の蚕養の説話は『戒言』と全く一致する話である。『戒言』の「りんゐだいおう」・「みかと（みかど）」・「こんじきくはうこう」は、『庭訓往来抄』では「霖夷大王」・「王」・「金色皇后」である。金色姫の説話は一六世紀には成立し、『庭訓往来抄』は版をかさね、江戸時代を通じて全国に広まっていった。養蚕の発展とともに「うつろ舟の蚕女」を受け入れる下地が形成されていった。上垣守國『養蚕秘録』で「霖異大王」と表記されるのは、前出の井沢蟠竜『広益俗説弁』によるのだろう。茨城県内に点在する蚕養神を祀る神社の縁起が「霖夷大王」とあるのは、『庭訓往来抄』の影響だろう。

ところで金色姫が「金色皇后」と表記されるのはなぜだろう。伴瀬明美氏「未婚の皇后がいた時代」『日本史の森をゆく』（所収）中公新書によれば、日本中世の一時期、天皇と婚姻がない皇后が立てられた。彼女たちはその代の天皇にとって姉やおばにあたる皇女で、未婚のまま立后し、わずかな例外を除いて生涯独身だった。この「未婚の皇后」という形容が矛盾する存在が、十一世紀から十四世紀に十一人が確認され、この時代の天皇家に固有の現象という。基本的には皇女の優遇策とする見方が定説で、その後、院政時代の初頭に出現した「未婚の皇后」を、院が自らの血筋を引く皇女を皇統継承者の准母とし、立后することにより、皇統の継承者が誰かを明示し、権威を与えたという。『戒言』の成立が中世ということから、定説に従えば、王から金色姫への優遇策が「金色皇后」なのだろう。

三　享和三年に常陸国漂着の不思議

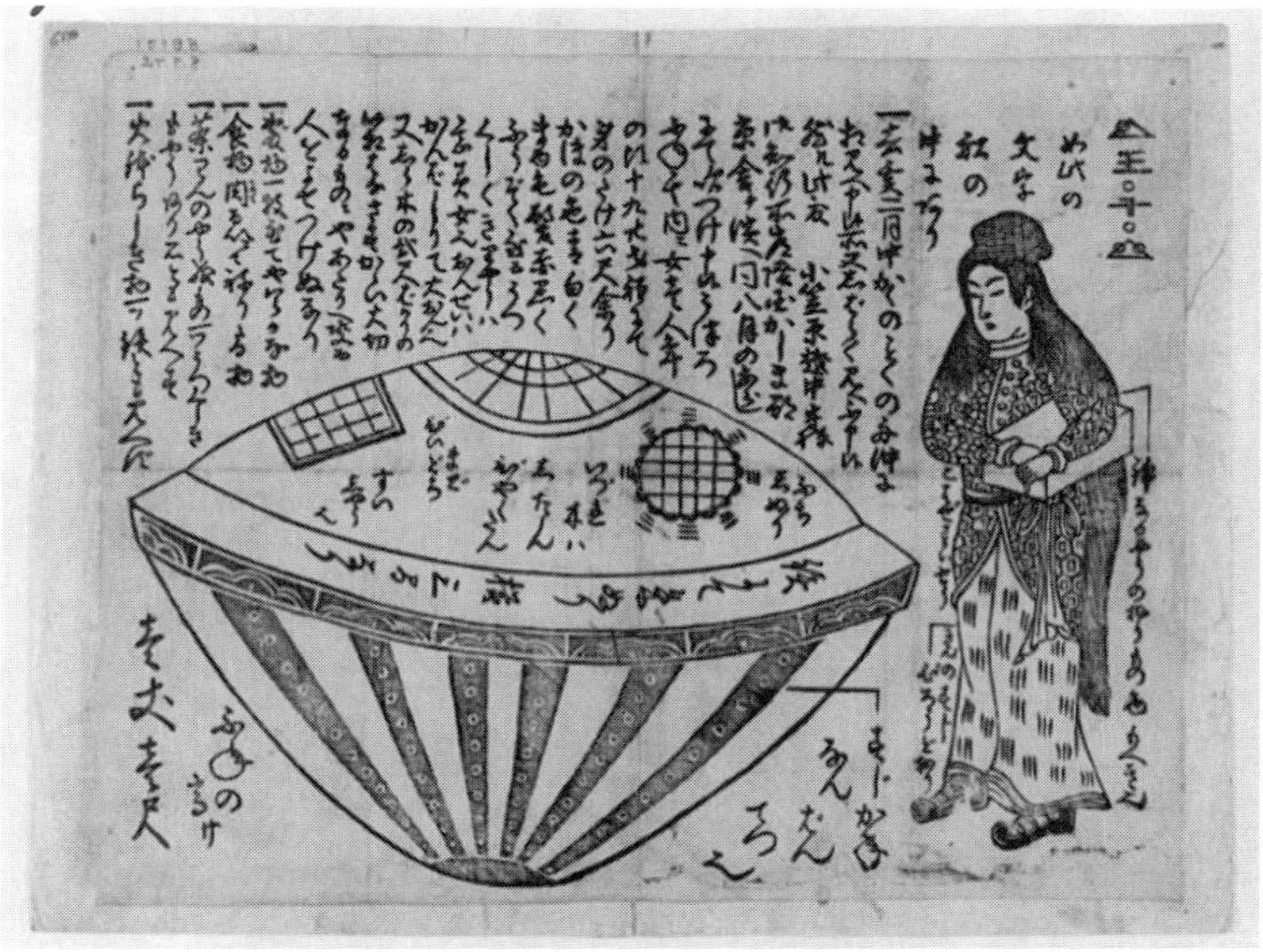

「鹿島郡京舎の濱漂流船のかわら板ずり」　船橋市西図書館郷土資料室蔵

かわら版刷物「うつろ舟の蛮女」を次に示す。船橋市西図書館の翻刻による。

△王〇干〇△如此の文字船の中にあり

一去亥二月中かくのことく舟、沖に相見へ候所、又しばらく見へ不申候。然ル此度、小笠原越中守様御知行所、常陸国かしま郡京舎ケ濱へ、同八月あらしにて吹つけ申候。うつろふね其ノ内ニ女壱人、年の頃十九廿才程にて身のたけ六尺余り、かほの色青白くまゆ毛髪赤黒く、ふうぞく至而うつくしくきりやうハ甚美人也。おんせいハかんばしりて大おん也。又しら木の弐尺ばかりの箱は、はなさすか丶い大切なるものニや。あたりへ決而人をよせつけぬなり。

一敷物一枚至てハやわらか物

一食物肉るいニてねりたる物
一茶わんのやう成もの一ツうつくしきもよう阿り石とも見へす
一火鉢らしき物一ツ鉄とも見へず

錦なるやうの織りもの色もへき也　こはぜすいせう　きんのすじびろうどおり
ふち黒ぬり　いづれ木ハしたんびやくたん　まどびいどろ　すいしやう也
鉄にて朱ぬり　横三間なり
すじかねなんばんてつ也　ふねの高サ壱丈壱尺

［現代語訳］
去る亥年（享和三年癸亥カ）二月なかば、画にしめすような舟が沖に見えていたが、しばらくして見えなくなった。ところが小笠原越中守様の御知行所、常陸国かしま郡京舎ケ浜へ同八月になると漂い着いた。う津ろふね（うつろ舟）のうちに女一人、年の頃十九・二十才程の身の丈六尺余り、顔の色は青白く、まゆ・毛髪赤黒く、みなりきれいで器量もよい美人である。その声は甲高い良く通る大きな声である。また素木の二尺程の箱を身から離さず抱えていて、大切なもののようだ。その箱の近くには誰も寄せ付けない。

「なんばんてつ」というのは「南蛮鉄」のことで、近世初期にポルトガル人やオランダ人が運んできた鉄塊で、代表的なものはひょうたん形でひょうたん鉄とも呼ばれた。江戸時代の初めには、輸入品の鉄が金銀に準ずる贈答品と扱われたという。鉄砲のほか刀剣や甲冑の材料に使われた。南蛮鉄流入の途絶は寛永十年（一六三三）の鎖国令によってポルトガル人などの来航が禁止されたことが直接の原因である。鎖国令後も数十年にわたり、これを利用した刀剣が作られていて、南蛮鉄が一時的に大量に輸入されたことがわかる。かわら版摺物で南蛮鉄といっているのは、日本の物ではないという意味で、蛮女（外国の女）に対応して使われているのだろう。南蛮鉄の利用が無くなってからも、名称が伝わっていたことの証左ということである。

かわら版刷物（船橋市西図書館郷土資料室蔵「鹿島郡京舎の濱漂流船のかわら板ずり」）は、常陸国豊浦湊に金色姫が漂着したという古い伝承によるものだが、「去る亥年」＝享和三年癸亥（一八〇三）頃に漂着したというのはなぜか。

ここに興味深い記事がある。「近くは当春（文化四年正月）も銚子浦へ唐船漂流せし」である。この記事は後出の「享和三年のうつろ舟」と時期と場所が近接する。文化四年の下総国銚子浦豊浦湊と享和三年常陸国鹿島郡豊良湊は利根川を挟んだ位置にある。

お記録本屋といわれた須藤由蔵『藤岡屋日記』文化四年（一八〇七）に次の記載がある。

文化四丁卯年正月十六日
下総国海上郡銚子包賀浦豊浦湊江南風強く吹付候船、間数左之通り。
船長サ四十五間、□本数不知、槙巾拾八間、深サ三丈二尺、人数八十八人、碇二十五挺、帆柱三本、幟猩々緋、船名金源盛。
但シ遠江国相良之者六人乗有之、右大字ニ認有之（船名の金源盛か）、大清国より紅毛江参る舟也、漂流の中、遠州船破舟致し候を、此船ニ助ケ乗セ来候由。

一説ニ大清国南京船也、遠州船安南国江漂流、安南より南京江送りける、南京より長崎江来ル商ひ船ニ艘ニ乗り送りける処、一艘ハ無恙長崎ニ着、一艘ハ南風ニ逢ひ、駿河国へ吹付られ引舟を出し、三保の入江江引込置て、糺し候処、南京之商船ニ而、遠州の者を送り来り候由、其後長崎表江送り遣し、長崎にて遠州之者、此処出帆之節ハなき候とぞ、右ハ牛込代地家主善右衛門主の咄し也、この人ハ駿河清水の産にて、此時ハ若年ニ而、小舟ニ乗見物ニ行、遠州之者ニも逢、ものをいひ、清人よりも砂糖を貰ひしと也、聞候儘ニ爰ニ記し置候、同事か別事か似寄し事故、書添候よしの栗崎常喜之随筆なれども是ハ別事也。
下総銚子ハ上野高崎領ニ而、松平右京亮五千石の陣屋也。須藤睦秀国屋敷故ニ能役有之、其節国許ニ而委存居候。右唐人着岸ニ付て高崎より役人大勢銚子へ参り候。右唐人の見物多く候ニ付、竹矢来を拵入候処、捕子ニも相成候哉とさわぎ候よし。右異国より乗来り候舟ハ焼捨ニ相成、新規ニ船を仕立、長

崎迄送り届候。人数之外共松平右京亮一手之大物入也。

この南京船の漂着のことは、街談巷説の記録で知られる石塚豊芥子『街談文々集要』にも「銚子漂異船」という見出しで漂着船のことが記される。『藤岡屋日記』の記録の後段は「一説ニ」として「是ハ別事也」とするが、『街談文々集要』は次のように記す。

一　文化四丁卯正月十三日、下総銚子外海、異国船壱艘漂ひ居候を、役船にて十六七日ニてうし（銚子）湊江《へ》曳入たり。

右船より上書

本船、于十一月廿九日在唐山開駕於十二月十一日遇西北大暴風漂流貴地通船八十九人本船現在米水倶無本船係往日本長崎嶋貿易伏望。

（中略）委細相知れず、あらまし。　寺社御奉行　松平右京亮様

一　右御領分下総国海上郡長崎浦沖江、当月十一日、大秦（清）国商人船乃由、唐人八十弐人、日本人六人、都合八拾八人、船長サ十七間程、但商物は毛氈・砂糖類之由、右日本人は遠州相良之者ニ而、一ツ橋殿御領地之者之由、右之趣御用番江御届有之候。

卯正月廿二日　右ニ付見分として御代官滝川《ママ》小右衛門殿出立

扨（さて）長逗留の内、船も追々破損し、諸道具も取上置候由、段々異国人も処ニ馴候而、四五人連

立、浜江も出、町方へも出、笛など吹、書画を書、気をはらし候由、後ニは馴々敷、居酒屋にチンフンカンゼウ（わけのわからないこと）間違しとてあばれるもあり、若輩ものには己があたまの芥子からぬ（子どもの芥子頭とけしからんを掛けたもの）事もあるとて、江戸表江追々注進あり、又添矢来（追加の仮囲い）を致し、以上三重かけ構へ、外へは一切不出候由、何レ（いずれ）長崎江送り被遣候事、此節本銀町白旗社（神社）脇紺屋ニ而、唐木綿幟三本、朱ノ日の丸ニ、南京人乗船と白地に染候由。（後略）

下総国銚子浦の唐船漂着は、漂着時とその後の話が混然としているが、一つの話なのは『街談文々集要』と幕府の公式記録『通航一覧』でわかる。『街談文々集要』は人名・船の寸法・積荷など詳細な記載があるうえ、「中華大清国船大略図」が載る。伝聞ではなく、かわら版を写したように見える。この唐国船はしばらく逗留していたのでかわら版を見て見物に来た者も多かったのでないかと思われる。

幕府の公的外交関係史料集『通航一覧』で確認すると、文化四年の項に「下総国銚子浦に南京船漂着す。仰せにより代官瀧川小右衛門及び浦賀与力・同心等来着して、その荷物を改め、尋ねて長崎に護送させる。（浦賀同心由緒書・柳営日次記）」、文化四年十一月四日の項に「代官瀧川小右衛門、下総国銚子浦の唐船漂着の節、取締に罷り起し、骨折につき金一枚下される。（柳営日次記）」とあるので漂着は事実のようである。『通航一覧』は東京大学史料編纂所のデータベースで誰でも確認できる。

去亥（享和三年か）に常陸国漂着の不思議は、すでに千年以上前に漂着した金色姫を知らせても何のニュース性もない。文化四年の唐船漂着と文化露寇を組み合わせ、最もニュース性のあるかわら版が作られた。享和三年というのは、翌年は甲子の年で改元（甲子革命）が見込まれ、果たして享和四年二月に文化元年に改元された特異年である。

南京船が漂着した「下総国海上郡銚子包賀浦豊浦湊」と、金色姫が漂着した「常陸国豊良湊」は別の国のように見えるが、ともに鹿島灘にそそぐ利根川の河口近くで向かい合う位置にある。千葉県銚子市と茨城県神栖市を結ぶ、国道一二四号の橋梁の銚子大橋があるが、十七世紀に幕府が利根川の流路を変える前は今よりも近かった。

中世からある金色姫伝説が、庶民用初等教科書の『庭訓往来』の代表的な注釈本で寛政八年（一六三一）成立『庭訓往来抄』で江戸時代を通じて知られた認識のうえに、文化四年の下総国銚子浦豊浦湊（常陸国鹿島郡豊良湊の近く）の唐船漂着と同年文化露寇が合わさり「かわら版摺物」の原形ができた。文化露寇の風説「オロシヤ大将は女之由」と文化四年成立の『環海異聞』のロシア風俗でロシア風金色姫の造形が仕上がった。うつろ舟の造形は異国船そのものだろう。ガラスはめ込みのキャビン付き異国船を、真後ろから見るとうつろ舟にそっくりである。最初に気付いたのは日本の弁才船のカットモデル（『石井研堂コレクション江戸漂着記集』日本評論社）を見た時で、縦にカットした断面はうつろ舟によく似ているが、うつろ舟の入口はどこなのだろう。あらためて文化元年のレザノフ来航のロシア船でロシア兵が右側にいる図は、この「かわら版摺物」の構図に奇妙に一致している。ロシア兵と「蛮女」の上着は似ていて、ロシア船の船尾の形は「うつろ舟」の輪郭に似ている。異国船の船尾のガラス張りキャビンは「かわら版摺物」のうつろ舟そのものである。曲亭馬琴は「ちかきころ浦賀の沖に歇りたるイギリス船にも、これらの蛮字ありけり」と蛮字のことを評するが、異国船のガラス張りキャビンを見ればガラス張りのうつろ舟は容易に描けることだろう。

平凡社太陽コレクション6『「かわら版新聞」江戸明治三百事件Ⅱ（黒船来航から鳥羽伏見の戦い）』に、「太平鑑　異國船浦賀表渡来之次第」というかわら版が掲載される。嘉永六年六月三日（一八五三年七月八日）、浦賀沖に四隻の黒船が突然現れた。ペリー率いるアメリカ艦隊で、日米和親条約条約を結ぶための来航であった。幕府は神社仏閣に夷狄退散を祈らせ、風聞を封じるため「異国船につき妄談をなすべからず」と町触させた。このかわら版の年月は、「文永七年寅正月」と存在しない年号となっている。非合法出版のかわら版が取締りを逃れるための工夫なのであろう。「うつろ舟の蛮女」も同様に配慮した。うつろ舟の中の四文字は、「第三章愚か者の金と紛い物の金」にあるとおりである。後出の大坂の『北海異談』の取材同様に、かわら版屋の取材・人脈恐るべしである。

四　漂着した蛮女の姿の形成

蛮女というのは、外国の女の意味で、日本の女性とは服や髪型がだいぶ異なっている。「眉と髪は赤く、その顔も桃色で、その頭髪は仮髪（いれかみ＝入髪）のようで白く長くて背に垂らしてい。」という記載がある。また、頭書に「解按ずるに、魯西亜聞見録人物の条下に云、女の衣服が筒袖にて腰より上を、細く仕立云々または髪の毛は白き粉をぬりかけ結び申候云々、これにより頭髻の白きも白き粉を塗りたるならん。魯西亜属国の婦人にやありけんか。なお考ふべし」という馬琴の註がはいっている。この魯西亜聞見録というのはおそらく書物で、「魯西亜聞見録人物の条下」とは「魯西亜聞見録の人物に該当する部分」と解される。具体的な聞見録は、一つは『北槎聞略』で幕府御用蘭方外科医桂川甫周編纂、遭難してロシアから帰国した大黒屋光太夫（幸太夫とも）らの見聞を将軍家斉の内旨をうけてまとめたもので、寛政六年（一七九四）成立、十一巻・付録一巻・図二軸。もう一つは『環海異聞』で仙台藩の蘭学者大槻玄沢編纂、石巻の廻船若宮丸の乗組員、津太夫らの聞書をまとめたもので、文化四年（一八〇七）成立、巻首序例とも十六巻である。具体的な該当部分を示す。

『北槎聞略』と『環海異聞』の挿図を見ると、「かわら版刷物」の蛮女の上着は『環海異聞』で足軽と表記されるロシア兵の軍服の上着に類似している。履物は女物の履物に類似する。「かわら版刷物」の蛮女の髪型は『北槎聞略』にある「折がへし頂にて小まくらに巻つけ」るに似ている。『兎園小説』の蛮女は、『北槎聞略』にあるように「衣の長さ僅かに腰にいたり」・「裳は幅二丈計なるを摺み腰の所にて引きしめ」ている。『兎園小説』の蛮女の上着は類似するものが見つからない。別の資料を見ているもののようだ。『兎園小説』には「一本に、二升を二斗に作り、小瓶を小舩に作れり」という割註があるので、やはり複数の資料を見ているのだろう。

『北槎聞略』巻之五　人物風俗

魯西亜の人物はたけ高く白皙《いろしろ》く、眼中淡碧にして鼻至て高く、髪の色栗殻色《くりいろ》なり。（中略）婦人は中人以上は多く白き服を着く。衣の長さ僅かに腰にいたり、裾を四ツ割き鯨の鬚を入て反らし、裳《も》は幅二丈計《ばかり》なるを摺《はさ》み腰の所にて引きしめ、裾は殊の外にひろごりたる物也。中人以下は多く赤き色を用ひ花やかに目にたつなり。中人には衣と裳と一つに縫合わせるを用るとなり。地合は繻子、綸子、改機《かいき》等なり。中以下にはま丶哆囉紗《おおくらしゃ》をもちゆるも有とぞ。下人は木綿、花布《さらさ》の類にて、たけ短く腰の襞積も甚少し。（中略）婦人は両鬢《びん》と額の髪を前へすきおろし、三寸計《ばかり》に薙《つみ》、煗銕《ぬるがね》にてはさみ、くせをつけ、又後の方へ梳おろし、残りの髪は後にて辮《くみ》、折がへし頂にて小まくらに巻つけ、花笄をさしとむるなり。貴人は多く赤き花を用ゐず、色々の鳥の羽を糸にてまきよせ、長さ一尺四、五寸にして根を金線にて巻、髻《もとどり》の横の方に斜に挿。王宮の官女は少しも花を用ひずとぞ。中人は花も多く赤きを交へ、鳥の羽をば用ひず。下人は単 袱《ひとえふくさ》の如きものにて頭を裹《つつむ》故髪の結様見へざるとなり。但いまだ嫁せざるものは辮たるま丶にて後に垂れ、すでに嫁したる者は折かえして小まくらにまくとなり。

男女ともに髪を結終《ゆいおわ》り、プウタラとて麪 粉《うどんのこ》をふりかけ、白髪の如くにするなり。下人はカルトウス（俗称ジャガタラ芋、草の部に詳なり）の粉を用ゆるなり。婦人は白粉《おしろい》をうすく塗りて拭《ぬぐ》ひとり、そのあとにうすく紅《べに》をさす。紅 粉《べにおしろい》は皆志那（割註：から）およびトレツコイ（都爾格（自註：トルコ））より来る。

按るに（中略）ペートル（自註：ピュートル一世）の時より服は熱爾馬泥亜《ゲルマニア》（自註：ドイツ）、仏郎察《フランス》の制をもちう。婦人は皆熱爾馬泥亜の服なり。面色の紅《あかき》をもつて美なりとすという。

［補註：改機《かいき》＝カナーウス　厚手の粗い絹布地の一種（甲斐絹のこと）。プウタラ＝ブードラ　おしろ

いまたは穀類の粉のこと。カルトウス＝カルトスは前びさしの帽子、紙袋のこと、光太夫はカルトーフェリ（じゃがいも）を記憶ちがいしていたのかもしれない。語源はフランス語 kartoffel（じゃがいも）。」岩波文庫版の註による。

『環海異聞』巻之七　土俗風習

女子、遠来の者の外は、紅粉を粧ふなり、男女髪には油をつけるなり、「ポマタ」といふ、すき油の如し、何にて製するものかしらず、少し樟脳《しょうのう》臭し、油を付たる上へは、ヤーボルキムツカといふ物を惨《ふりか》けをく、「ヤーボルキ」は一種の芋なり、「ムツカ」は粉の事なり、蔬菜の部に詳かにす　但し上人のみかくいたすなり。

按《あんずる》に、和蘭《オランダ》人も、髪に白粉をふりかく、その品は何ものなるか未だ聞かず、これ彼の地方の風俗にて、少年といへども、早く老成の姿をなすを貴ぶと云ふ。

『環海異聞』巻之四　飲食

「ヤーボルキ」といふ円き芋あり、薄黄色肌、好（自註：香）芋（自註：ジャガイモ）に似たり。

按に、和蘭にいふ「アヽルアツプル」なるか、近来種子を伝へ、吾邦にも蒔生ず、しかれども、果して「ヤーボルキ」なるや否をしらず。

これをすりまぜて乾し、細末したものを、「ヤーボルキムツカ」といふ、この芋粉、碗一つほどに、小麦粉二升加入し、製して菓子となすものあり。

土地の風俗にて、髪頭に白粉をふりかくる、その粉は即ちこのものなり。風俗の部に載す。

両書とも、髪に白粉をふりかける風俗を記して、筒袖の衣服の図を掲載する。『環海異聞』は比較的見ることが多いものだが、『北槎聞略』は幕府直轄の秘本として一般には流布していなかった。しかし『北槎聞略』には伝説がある。編者の亀井高孝氏が大正初年頃に神田神保町の古本屋で待賈堂の朱印が押された写本を発見して内閣文庫本と校合、昭和十二年（一九三七）に限定五百部の非売品として初版本が刊行された。幕末の古書業者「達磨屋五一」の屋号「待賈堂」の印が押された写本が存在し、幕府の秘本といっても写されたものがあったわけだ（『江戸漂流記総集第六巻』「環海異聞」評論社のインタビュー部分にこの伝説の記述がある）。現在、岩波文庫で読むことができるのもそのお陰だ。

漂流民たちの遭難漂流から帰国までを簡単に次に示すが、常陸国（茨城県）はらやどりに、魯西亜（ロシア）人とおぼしき女性が漂着したのは何を示しているのだろう。

『北槎聞略』の光太夫らは、天明二年（一七八三）伊勢の白子を出帆した神昌丸に米などを積み江戸に向かう。途中暴風雨により七カ月漂流し、アリューシャン列島のアムチトカ島に漂着し、四年を過ごしたカムチャツカなどを経由してイルクーツクに移り住み、キリク・グスタボビッチ・ラクスマンの援助でエカテリーナ二世に帰国を願い出る。キリル・ラクスマンの長男のアダム・キリロビッチ・ラクスマンが遣日使節に選ばれ、一緒に光太夫らはエカテリーナ二世号で、一七九二年にオホーツク港を出帆、寛政四年（一七九二）根室に来航。ラクスマンは長崎来航の信牌を受け取り帰った。

『環海異聞』の津太夫らは、寛政五年（一七九三）石巻湊を出帆し若宮丸で江戸に向かい大時化で難船する。半年間漂流しアリューシャン列島に漂着、破船して端船で島を廻り島人と出会う。ロシア人の導きでアツカ湊へ向かいアムチトカ島で三年滞留した。エカテリーナ二世の急死とパーヴェル一世の即位で帰国の話も途絶える八年、新皇帝アレクサンドル一世の勅命で呼び出された帝都ペテルブルクに向かった。アレクサンドル一世は、ニコライ・ペトロビッチ・レザノフを世界周航探検隊長兼遣日修好使節に任命、一八〇三年津太夫らと一緒にクロンシュタットを出帆した。文化元年（一八〇四）長崎に来航した。レザノフはそのまま留め置かれ、国書の受け取りを拒否され、信牌も取り上げられる結果となった。後に大事件を引き起こすことにつながる。

それにしても、このかわら版刷物（船橋市西図書館郷土資料室蔵「鹿島郡京舎の濱漂流船のかわら板ずり」）とレザノフ来航のロシア船の図（国立公文書館蔵『視聴草』「魯西亜船之図」）は奇妙に一致する。右側が人物で左側に船が描かれ、蛮女の上着がロシア兵の軍服に類似し、うつろ舟はロシア船後方のキャビンを想起する。

第三章　愚か者の金と紛い物の金

一　うつろ舟の異形文字は文字なのか

柳田國男氏は「写し取って居る四箇の異形文字が、今では最も明白に此話の駄法螺なることを証明する」と断定しているが、次のように続けている。「それを曲亭馬琴が註解して、最近浦賀の沖に繋つたイギリス船にも此等の蛮字があつた。だからこの女性はイギリスかもしくはベンガラ、もしくはアメリカなどの蛮王の女なりけんか。是も亦知るべからず、尋ねまほしきことなかりしなどと、例の恐ろしく澄ましたことを言つて居る。さうして今日までまだ其儘になつて居たのである。」

四つの異形文字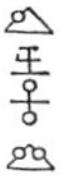について、田中嘉津夫氏は宇宙文字と称した。前出の『NHK幻解！　超常ファイル　ダークサイド・ミステリー』NHK出版の中には収められないが、Eテレの再放送再構成に収録、『怖い噂VOL・17　ミリオンムック59』（ミリオン出版二〇一三年四月）に「江戸時代UFO事件うつろ舟の真相」として掲載されるその内容は、科学ジャーナリスト皆神龍太郎氏によるもので、江戸時代の風景浮世絵にある「蘭字枠（画面の枠取）」にある変形した文字という。目の付けどころはよいにしても、一文字も完全に一致しないのでは該当するものとはいえない。

前出の『江戸「うつろ舟」ミステリー』では、うつろ舟の四つの異形文字を判読不明の宇宙文字と思考停止。かわら版にも同じ異形文字があるが、当時の江戸の人々に理解できないものなら存在価値はないだろう。

十八世紀末から十九世紀初頭にかけての江戸の世相を調べると、不思議な見立番付が目にはいった。江戸時代の蘭学者を芝居の役者番付に見立てた「蘭学者芝居見立番付」である。これには、役者番付では役者名と紋所を記載するところに、蘭学者名と西洋の七曜（日・月・火・水・木・金・土）や化学記号が当てられている。これは錬金術記号なのか。

恣意的と思われるので『世界の文字と記号の大図鑑』研究社にあらためてあたってみる。四つの異形文字の一つは完全に一致した。三番目の「〇＋〇」は錬金術記号の銅サフラン（ユニコードU+1F423）である。他も要素が組み合わされたものとみることができる。錬金術記号は現在の文字コードの一部であるユニコード（多言語を一つの文字コード体系で扱うため、国際標準化機構で採用された）にある。一般的なパソコンではフォントが組み込まれてないため、表示や印刷ができない（Windowsなら錬金術記号はIMEパッドの文字一覧で確認できる）。さらに『記号・図説　錬金術事典』（同学社）で確認していく。

「蘭学者芝居見立番付」は寛政八年（一七九六）刊の三丁物の紋番付である。津山藩主松平確堂旧蔵の張込帖『芸界余波第一集』（早稲田大学図書館蔵）に貼り込まれたものである。歌舞伎役者の紋番付のパロディで、それぞれの紋所に西洋の七曜や化学記号があてられている。一丁めを縦半分に折ると中央の部分に、「都にない」の文字を大書していて、縦五列、横は九から十一段に区切り、それぞれ枠内に蘭学者名と紋所を記す。

岡村千曳氏『紅毛文化史話』によれば、三列目「都にない」の右横、一段目が立女形・桂川ほしほ（桂川甫周）、二段目が座頭・大槻玄蔵（玄沢）、左横一段目が女形二枚目・稲村三蔵（三伯）、二段目が二枚目・宇田川玄三郎（玄真）になる。紋所は蘭学に関係のある記号があてられ、位付順にみると大槻玄蔵は「七曜の日」、宇田川玄三郎は「七曜の月」、桂川ほしほは「七曜の水」、稲村三蔵は「磁石」が紋になっている。

二丁めと三丁めは、寛政八年の都座の初春狂言「振分髪青柳曽我《ふりわけがみあおやぎそが》」のパロディになっていて、「近来《きんらい》繁栄蘭学曾我《はんえいらんがくそが》」と名題《なだい》（表題）が掲げられる。三丁めには、初日の道行浄瑠璃名題「名流桂川水《なをながれかつらのかわみず》」、後日の道行の浄瑠璃名題「浮事吾妻風《ういたことわがつまふう》」という三つの名題ごとに、それぞれの配役が細字で列記される。

蘭学者にどのような役を配しているか興味深いので、岡村氏の解説から、一丁めの一列目右上の福知山右衛門（紋は七曜の火）福知山藩の藩主朽木昌綱（号は竜橋）と、二列目の一番後ろの司馬漢右衛門（紋は昼と夜）司馬江漢を紹介する。

福知山蔵侯朽木《くつき》竜橋《りゅうきょう》は福知山右衛門という役者名になっているが、「近来繁栄蘭学曾我」では和田義盛・男達《おとこだて》船橋の次郎右衛門・まなごやのお熊ば、ア、「名流桂川水」では西方志理右衛門・銭屋合口弥兵衛、「浮事吾妻風」では剣術指南東西古善・蛤《はまぐり》町の船持すりからし五平太、以上の七役があてられている。これらは本興行では七世片岡仁左衛門の役どころという。このうち、まなごやのお熊ばゝアの役は、大槻玄沢の配役「まなごや清作」とは親子の役であるが、これは朽木竜橋が玄沢を庇護し、玄沢の長崎留学を援助したことを暗示しているのだという。また西方志理右衛門は、竜橋が『泰西輿地図《たいせいよちず》説《せつ》』（寛政六年刊）を著していて西洋地理知識が豊富なこと、銭屋合口弥兵衛・東西古善の二役は、竜橋が東西古銭の蒐集家として有名で『西洋銭譜《せいようせんぷ》』（天明七年刊）の著書のあること、船橋の次郎右衛門・船持すりからし五平太の二役は、福知山藩江戸中屋敷が霊岸島にあったことから、水辺に近いことを「船」と関連づけたものといわれる。

司馬江漢《しばこうかん》は司馬漢右衛門という役者名になっているが、「近来繁栄蘭学曾我」では曾我の満江《まんこう》、「名流桂川水」では、唐えやのでっち猿松、「浮事吾妻風」では銅屋の手代こうまんうそ八、以上の三役があてられている。唐えやのでっち猿松は、江漢が猿真似で洋画を描いたことを指していて、銅屋の手代こうまんうそ八は、江漢が銅版画の創製者として高慢な自家宣伝に努めたことを風刺したものいわれる。

関連資料に入り込んでしまったが、異形文字は錬金術記号であることが確認できた。

柳田國男氏が「是以外には一つの証跡も残らぬ」、「今日までまだ其儘になつて居た」といった四つの異形文字は、地球上で考案されたヨーロッパ起源の錬金術記号でよいだろう。錬金術記号は文字ではなく、「物質」または「動作」を表現する「絵文字」（絵画的「記号」）で個人的関係あるいは少人数の集団で通用するだけである。特定の音と結びつき体系化されて「文字」となる前の段階のものである。柳田氏の「世界どこにも無い文字」という指摘はあたっている。

二　古典化学から異形文字を解読

それでは四つの異形文字を順に解読する。参考としたのは大槻真一郎氏『記号・図説　錬金術事典』（同学社）で、我が国唯一の錬金術事典という。①は△（火）に○（銅と硫黄）、②は下の横棒は静止した水面で、金属を丁（浸す）、中間の短い縦棒|は連続・短い横棒一は停止、③は銅サフラン（熱処理された暗色の銅）、④は△（火）に二つの○（純化されたもの）をそれぞれ表現している。

具体的な扱いは、シュタール『合理と実験の化学』内田老鶴圃を参考とした。ゲオルグ・エルンスト・シュタールの原著は一七二〇年刊で、錬金術を越えた合理的な化学書として知られる。①は赤熱した坩堝に銅片を入れ、これを赤熱にして金属の四倍量の粉末か断片の硫黄をその上に投入すると銅サフランができる。②は反応物を洗浄する。③粉末状の黒暗色（サフラン色）の銅サフランとなる。④銀の色すなわち白い銅を作るには、砒石（砒素を含む灰黒色の鉱物）を主剤に使う。容器に四部の銅を溶かし、それに砒石一部を膠と石灰石とで丸く固めたものを投入し、ともに四分の一時間、加熱溶解する。その時間がたったら内容物を注ぎ出し、それを試金石で調べ、さらにこれをハンマーで打ち延ばされるかを調べる。

シュタールは、坩堝に銅片と硫黄を入れているが、愚か者の金と呼ばれた黄銅鉱（かつてはpyrite）ならばこれだけでも使えそうだ。

錬金術では、卑金属を貴金属に変成していく行程を、三行程としている、黒色化 nigredo→白色化 albedo→黄色化 citrinitas の各行程である。黒色化・白色化は坩堝で出来るが、黄色化には金と水銀のアマルガムによる金メッキに、有害な水銀蒸気から水銀を回収するのに蒸留器が必要となるので省いたのだろう。日本ではランビキと呼ばれる。

宇田川榕庵の『舎密開宗』は、日本最初の近代化学書の翻訳書で天保八年（一八三七）から十年に刊行され、内編十八巻と鉱泉分析法の外編三巻で構成される。この『舎密開宗』は英国人ウイリアム・ヘンリー「化学入門」（第二版一八〇二年刊）の独語翻訳版をさらに蘭語翻訳版（一八〇三年刊）にしたものである。シュタールの原著より新しい。

『舎密開宗』第二百八章の焼銅（銅サフラン）の製法は、銅の薄板を糸状に切って坩堝に入れ、溶融しない程度の火度で焼く（古い方法は硫黄と海塩の混合物に銅箔を埋めて焼く）。これを素焼の器に入れ、四、五日置くと黒粉となる。これを黒色酸化銅（銅サフラン）という。処方はいろいろあるが、銅と硫黄があればよいようである。

シュタールは、銅の白色化に砒石と石灰石を加えている。『舎密開宗』第二百三十八章は、砒素は銅と混融すると白銅となる。試みに砒素少量を小さな銅板の間にはさみ、鉄線でしばって焼けば銅板の裏面は白色となる。白銅の処方は第二百十四章に前出とある。第二百十四章白銅は、銅六分、砒素四分、カリ二分を混融する。色、光沢は銀と同一であるが、もろく、鍛えることができない、とあるのでカリは不要のようだ。第二百三十六章砒素は俗称石見銀山鼠取り薬。砒素もまた金属である。市販品は白色の酸化物（白砒）となっている。この白色酸化物から砒素を採る方法の記載は、ずっと続くので、砒石を使った方法のようがよさそうである。

黄金化の前段階として錬金術は様々な金属を「白色化」（銀化）しようと試みた。砒石（砒素）を用いて銅を白色化することもよく行われた。こうして得られた白い金属はさらに黄金化の過程（金と水銀のアマルガムで金メッキ）を経て完成されると考えられた。

十八世紀ではドイツのシュタールらのフロギストン説が有力だった。フロギストンは燃素とも呼ばれ、ものを燃焼させる一種の元素で燃えるものや金属はみなこれを含んでいると考えられた。十八世紀末にフランスのアントアヌ・ローラン・ラボアジェが厳密な燃焼実験で燃焼が酸素によるものと質量保存の法則を発見し、「近代科学の父」といわれた。十九世紀初めにイギリスのジョン・ドルトンが原子論と倍数比例の法則を発表して、化学は単体元素の学問的裏付けをえて、錬金術のいう物質変成説と決別した。ドルトンによれば、鉛の元素はどこまでも鉛の元素であって、金の元素にはなり得ないのである。この見解は現代の原子壊変理論によって結局のところ修正されるが、近代の化学理論の形成は中世までの錬金術的方法との決別により築かれた、現代の化学は、ドルトンの説に反して物質の変成を化学的に実証することになるが、それは錬金術的方法ではなく、近代化学操作の延長上ではじめて形成されることになった。

三　オランダ語辞書『訳鍵』の記号

十八世紀後半の江戸においては、前野良沢、杉田玄白らがオランダ語医学書の翻訳を行い、安永三年（一七七四）に『解体新書』として刊行し、また、大槻玄沢の私塾である芝蘭堂ではオランダ語教育が行われ、寛政八年（一七九六）に玄沢の弟子の稲村三伯が日本で最初の蘭和辞書の『波留麻和解《わげ》』（「江戸ハルマ」）が刊行して、蘭学の興隆が見られた。

稲村三伯の弟子である藤林普山（泰助）が編纂・刊行した『波留麻和解』の簡略版。正式名称は「Nederduitche TAAL. 訳鍵」という。乾坤二冊及び付録の計三冊から成る。見出し語数約三万。日本で刊行されたものとしては二番目に古い蘭和辞典である。

『訳鍵』が大きな辞典を縮小した小辞典というのは、普山が編集に腐心していたことは「訳鍵　凡例并附言」（内題）にある次のことばでよくわかる。

入門（蘭学入門）ノ初《はじめ》、前《さき》の全成セル（『波留麻和解』）ヲ謄写スルノ甚《はなは》ダ年月ヲ費《ついやす》ニ困《くるし》ミ。大抵倦意ヲ生ジテ、廃学スル者衆《おお》シ。因《よっ》て。予ガ金蘭タル伏水ノ（親密なる）桃塢小森子ト諮《はか》リ。妄《みだり》ニ刪補（無遠慮に選定）シテ。三万許《ほどのことば》辞ニ要約シ。之《これ》ヲ与テ学《お》シムルニ。各《それぞれ》其省便ニシテ。検語ニ優《ゆう》ナルヲ喜ブ。故ニ茲《ここ》ニ翁ニ請《こう》テ。又復《ふたたび》一百部ヲ植刻シ。以《もっ》テ篤好《とくこう》ニ頒《わか》ツ。希《のぞむ》ハ学者《まなぶもの》。此《これ》に由《よっ》テ往《すすめ》バ。

遠西（西洋）の医籍（医書）読コト。猶《なお》支那（中国）ノ方書《ほうしょ》（医書）ヲ解スルガ如ク。従《したがい》テ繙《ひもとけ》バ。従《したがい》テ暁《さと》リ。終《つい》ニ望洋鶏肋《けいろく》（途方にくれる）。空《むなし》ク居諸《きょしょ》（月日）ヲ玩愒《がんかつ》（もてあそぶ）スルノ洪嘆《こうたん》（大いに嘆く）ヲ免《めんず》ベシ。

十九世紀初めは、まだ辞書を書写していた。それは年月がかかり、途中で倦み疲れ、止めてしまう者も多いという。そこで簡約版の辞書を製作して百部限定で刊行した。こうして西洋の書物も自在に読解することができ、年月を空しくすごすこともなくなったという。

文化十年（一八一三）につくられた蘭語辞典『訳鍵』の付録「訳鍵　凡例附録」（外題）に錬金術記号（初期の化学記号）が記載される。この付録は後に独立して『蘭学逕《けい》』としても刊行された。「逕」は「径」と同字で近道の意味を表す。

『訳鍵　凡例附録』には、「定的識字」と二丁にわたる六列十五段の一覧表がある。西洋の医書に見られるものをここに示したという。それでは右側の一列目を上から読み解いてみる。①は生水では何かわからないが、頭に「V」と三つの「○」があり錬金術記号の「生命の水」そのものである。前出の『記号・図説　錬金術事典』で確認するとほとんどが錬金術記号である。この十五種のうち、⑫雲母・⑭悍精は錬金術記号ではないが、『訳鍵』坤の巻にある「太西薬名」（西洋の薬名）に talcum（雲母）と quin-quefolium（五葉の蛇苺＝雄蛇苺）の記載がある。十九世紀初めに錬金術記号が現役で使われる世界があった。

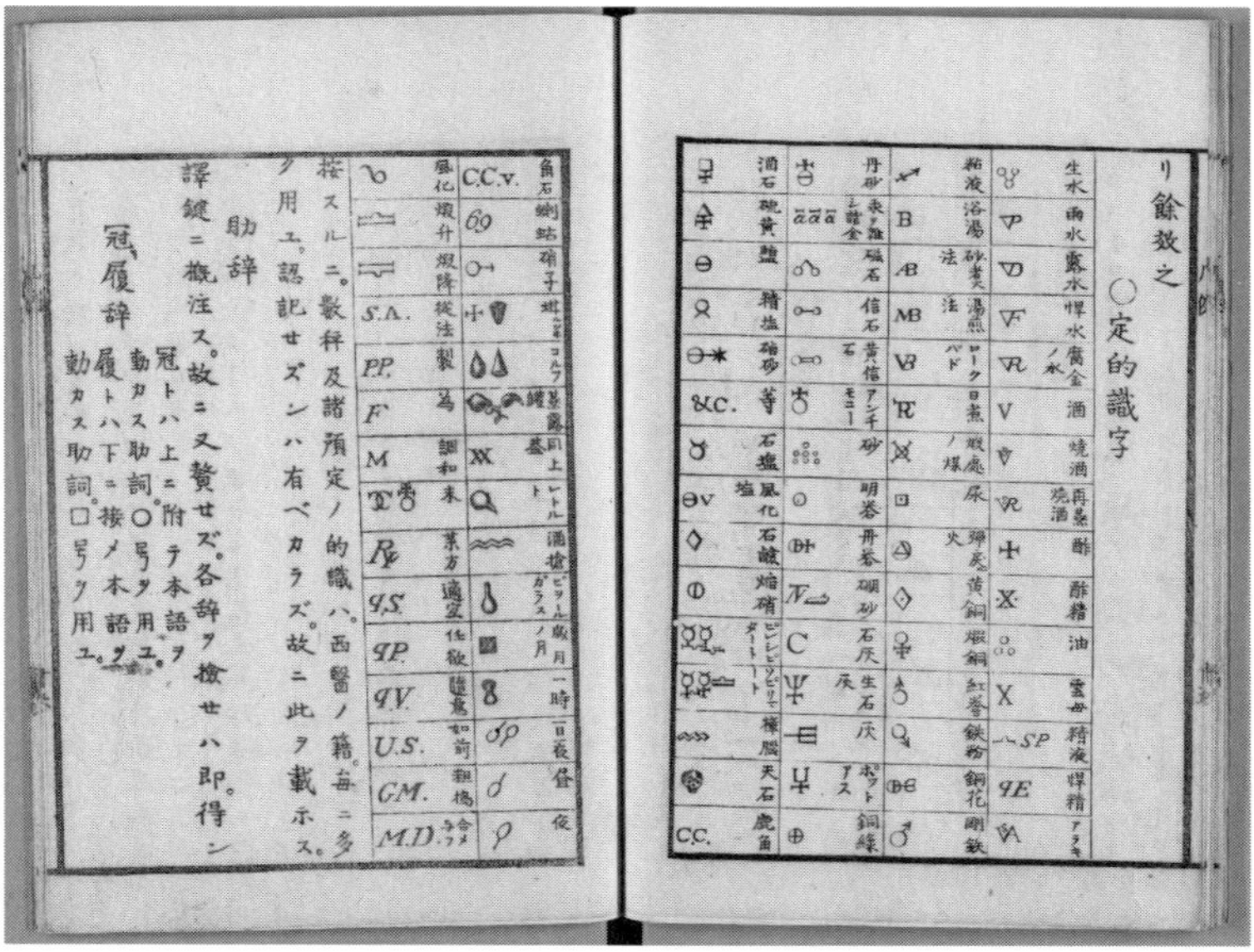

『訳鍵』の記号「定的識字」　国立国会図書館蔵

定的識字

①生水　Aqua vitae 生命の水（酒精）。

②雨水　P＝pluvialis（雨の）。

③露水　D＝destillata（蒸留の）。

④悍水　F＝fontis（強い）、硝酸。

⑤腐金ノ水　R＝Regis（王の）、王水。

⑥酒　vinum 医薬品を溶かす薬用ぶどう酒。

⑦焼酒　朝鮮の蒸留酒、もろみ粕を蒸留し、日本の泡盛に類似（日本国語大辞典）。

⑧再蒸焼酒　再蒸留の焼酒。

⑨酢　醸造酢。

⑩酢精　錯酸、以前は木材乾留で採取。

⑪油　蒸留性の油。

⑫X雲母　talcum, talk（太西葯名に記載の雲母）。『本草綱目啓蒙《けいもう》』に紅毛《おらんだ》

ノ産、和は下品（低品質）。珪酸塩鉱物で漢方薬に使われた。別の用途もあるようで顕微鏡のプレパラートのスライドガラスとカバーガラスに使われ、鼈甲で挟む使用例がある。

⑬SP精液　spiritus 精、生命の源（種子）。

⑭qE悍精　quinquefolium（ヘビイチゴ）鶏児頭、五葉ノヘヒ《ママ》イチゴ（太西葯名に記載の雄蛇苺）。『本草綱目啓蒙』に蛇含《じやがん》、五葉の雄《ヲ》蛇苺《ヘビイチゴ》。水で煎じて虫刺されなどの外用薬、悍（強い）というのは内用薬でない為か。葉が掌形、実はケシ粒状で名に「雄《ヲ》」が付いたのは実が小さいためか。

⑮アラキ　オランダ渡りの蒸留酒 arak（オランダ語）、アラビア・インドの香気を付けた蒸留酒（日本国語大辞典）。

『本草綱目啓蒙』は、小野蘭山述、小野職孝編。享和三年～文化三年（一八〇三～一八〇六）刊の本草書四十八巻。明の李時珍の『本草綱目』記載の動植鉱物に国産のものも加えて、考証と解説を施し、整理・編集したものである。博物学的色彩が強く、蘭山独自の知見が多数含まれる。弘化四年（一八四七）までに版を三回重ねている。『本草綱目啓蒙』では、「雄蛇苺」を次の二箇所に示される。

『本草綱目啓蒙』巻之十二巻・草之五「蛇含《じやがん》」。「路旁ニ多シ、葉ハ蛇苺葉ニ似テ、五葉トナリ、五加《うこぎ》葉ノ形ノ如クシテ長ク、深緑色。叢生ス。又七葉、八九葉トナルモアリ。春末数茎ヲ抽《ぬきん》ズルコト一尺余、葉互生ス。三葉ニシテ蛇苺葉ノ如シ。茎ニ枝叉《また》ヲ分チ、黄花ヲ生ズ。蛇苺ヨリ小《すこ》シテ委陵菜《かわらさいこ》花ニ似タリ」。同書巻之十四巻・草之七「蛇苺」「原野ニ甚多ク、人家ニモ自生ス。秋新苗《しんなえ》ヲ生ジ長蔓《ながいつる》ヲ延《のばす》、冬モカレズ。葉ハ互生ス。三葉一帯ニアツマリ、形長《ながく》シテ鋸歯アラシ。正月二月ニ葉間ニ花ヲヒラク。一茎一花五弁黄色、大《おおき》サ四五分、委陵菜ノ花ニ似テ、大ナリ。緑萼《がく》二重、後《のち》実ヲムスブ。蓬藟《くさいちご》ノゴトシ。大サ六七分、熟シテ赤シ。コノ苗《なえ》蛇含ト相似《あいに》タリ。蛇含は、ヲヘビイチゴナリ。五葉七葉ニシテ花オクレテ三四月ニヒラク。形《かたち》蛇苺ヨリ小ナリ。然レドモ蛇含ニ三葉ノモノアリ、蛇苺ニ一種五葉ナルモアリテ、混《こん》ジヤスシ。五葉ノモノハ救荒本草ノ鶏児頭苗ナリ」。

葯名『訳鍵』

西洋ノ葯名《やくめい》（薬名）ハ。修翻《しゅうほん》医（翻訳医書で修業の医師）ノ最習《もっともならう》ベキ要事《ようじ》ナリ。但シ其物洪繁《こうはん》ナレバ。遂《つい》ニ斯《ここ》ニ輯収《しゅうしゅう》シ難《がた》シ。今唯《ただ》諸家の充来《みちきたり》テ。和漢ノ名アル者。并ニ有無未《いま》ダ詳《くわし》ナラザレドモ。西籍屢載《しばしばのせ》テ常用スル所ノ品ヲ撰《えらん》デ。鍵尾（訳鍵の末尾）に附す。必竟充名《ひっきようじゆうめい》ノ出ル所ヲ押《おす》ニ。象胥《しょうしょ》（長崎通詞）ノ嘗《かつ》テ喝蘭人《おらんだじん》ニ正《ただ》ス者多ク。又皇国ノ赭鞭家《しゃべん》（本草家）。或ハ物ニ就《つ》キ。或ハ図ニ拠《より》テ。察中スル者往々アリ。然《しかれ》ドモ。予未《いま》ダ物産ノ学《がく》ヲ修《しゅう》セズ。故ニ当否ノ如キハ。妄《みだり》ニ保ツ所ニ非《あら》ズ。

『訳鍵』の葯名（薬名）辞典の部は、本文と違い、普山による語彙収集と編集によるもので、より評価が高いという。ここに載る薬名は象胥、つまり長崎オランダ通詞がオランダ人に質問して得た薬名が多いと記していて、さらに本草学者の存在も示している。雲母や五葉の雄蛇苺（蛇含）が載るのはその成果なのだろう。

さて『波留麻和解』は二十七冊本。木活字で印刷され訳語は手書きの三十部限定。再版の十三冊本が知られる。「波留麻」とは原本の編者F・ハルマのことで、その編集した辞書のことも指している。三伯が刊行した蘭和辞書にはどこにも日本語名の「波留麻和解」という書名はない。表紙には「F：HALMA. /NEDERDUITS/WOORDENBOEK. /A」といった「オランダ辞書」というものである。書名の「波留麻和解」は便宜的な呼称で、ハルマ氏の編集した蘭仏辞典を和解（翻訳）した辞書という意味で仮称したものである。

藤林普山『訳鍵』の跋文で、稲村三伯自身が『波留麻和解』という書名を記す。

後にオランダ商館長H・ドゥーフが同じ本から完成した『ドゥーフ・ハルマ』（長崎ハルマ）文化十三年成立、幕府に献上する。翌年のドゥーフ帰国後、オランダ通詞らにより用例が追加され天保四年（一八三三）完成され、書写されて広まった。このため先行する『波留麻和解』は「江戸ハルマ」と通称された。『ドゥーフ・ハルマ』は、杉本つとむ氏によれば、現存している完本はなく、わずかに大阪中之島の府立図書館蔵六十九冊本がもっともこの最終完本に近い写本の姿を伝えているという。需要が多く、安政二年（一八五五）から同五年にかけて桂川甫周により『和蘭字彙』十三冊本として公刊された。

嘉永六年（一八五三）のペリー艦隊の来航に刺激を受けて、日本における蘭学及びオランダ語学習は一層の進展を見せ、安政五年には今日の慶應義塾大学の前身となる蘭学塾が福沢諭吉により江戸で設立された。

四　オランダの文物を珍重した時代

田沼意次が老中格となった明和六年（一七六九）頃は田沼時代と言われ、商人層の地位向上による商人時代である。文化面では奢多（過度の贅沢）な異国趣味からオランダ渡りの物産の輸入も増え、オランダ好き、いわゆる「蘭癖」の人も増えた。

蘭学の研究は、採薬のための本草学、人の生命を守るための医学の研究として発足した。また農業のためにも、為政者が政治上の必要からも暦を作り維持していくための天文と編暦のため必要の学として発達した。日本をとりまく国際情勢の変化から、国家に必要な学として世界地理の学が蘭学に加わった。とくに当面必要なロシア事情を知るための学として発達していく。「彼」を知るための地理学である。

十九世紀初頭の文化文政期は蘭学者の世代交代時期であり、専門化・分化を伴った。科学の分化では、本草学的植物学から近代植物学に脱皮したのはこの時期からであり、物理学・化学分野の書物が独立した著訳として現れるのもこの時期からである。物理学は日本の学問分野では全く知られていない分野で、儒学とくに朱子学の中の術語を借りて「窮理学」と呼ばれた。化学もはじめは製薬上の必要から、医学の補助分野として薬学的役割を担っていた。化学もようやく「舎密学」の名で独立した領域を得るようになった。天保八年（一八三七）の宇田川榕庵『舎密開宗』である。
それでは、蘭学の時代の主な著書物を概観していくことにする。

【第一冊】

杉田玄白の『蘭学事始』は蘭学草創期の回想記でよく知られている。蘭学発達の道を伝えるためという文化十二年成立、明治二年に福沢諭吉が刊行したことで弘まる。

その頃（明和初年）世人何となくかの国持渡《もちわた》りのものを奇珍《きちん》とし、統《す》べてその舶来《はくらい》の珍器の類を好み、少しく好事《こうず》と聞えし人は、多くも少くも取り聚めて常に愛せざるはなし、ことに故《もと》の相良《さがら》侯当路執政《とうろしっせい》（相良侯は田沼意次）の頃にて、世の中甚だ華美繁花の最中なりしにより、かの舶《ふね》よりウエールガラス天気験器（晴雨計）、テルモメートル寒暖験器（寒暖計）、ドンドルガラス震雷験器（ライデン瓶）、ホクトメートル水液軽重清濁験器（比重計）、ドンクルカームル暗室写真鏡（暗室写真機）、トーフルランターレン現妖鏡（幻灯機）、ソンガラス観日玉（サングラス）、ループル呼遠筒（メガホン）といへるたぐひ種々の器物を年々持ち越し、その余諸種の時計。千里鏡、ならびに硝子細工物《がらすざいくもの》の類、あげて数へがたかりしにより、人々その奇巧に甚だ心を動かし、その窮理《きゅうり》（窮理学＝物理学）の微妙なるに感服し、自然と毎春拝礼の蘭人在府中はその客屋に人夥《おびただ》しく聚《あつま》るやうになりたり、

『蘭学事始』は、『蘭学事始』『蘭東事始』『和蘭事始』の三種の書名で伝わっている。玄白が執筆をおもいたったのは文化十一年のことで、これを大槻玄沢に訂正を求めた。玄沢はこれに仮に「蘭東事始」という題をつけて、文化十二年玄白に呈上した。のち玄沢がわかりやすい『蘭学事始』に改めた。福沢諭吉が「蘭学事始」と題して出版したとき、底本の「和蘭事始」を「蘭学事始」と改めた経緯がわからない。福沢が「よりよい題名」と考えた結果なのかもしれない。また「事始」の読み方についても、用例から「じし」と読むのが正しいといわれる。玄白や玄沢が「じし」と考えていても、現在は通俗的な「ことはじめ」が通用される。いまの『蘭学事始（らんがくことはじめ）』の成立である。

【第二冊】

大槻玄沢の『蘭学階梯《らんがくかいてい》』は天明三年に成立、同八年に刊行された。蘭学全般の最初の入門書で、上巻に蘭学勃興の由来を述べ、下巻で文字・発音・訳法・初歩文法などを説明する。カタカナ書をひらがな書に替えた。

> 和蘭《オランダ》の術、我邦にて其奇巧を慕《した》ひ、其制作に効《なら》ひて、擬製（模造）する物少からず、故に市門《しもん》・街《がい》衢《く》（賑やかな場所）の間《あい》だ、名を釣《つ》り利を牟《むさぼ》るの徒、偶々《たまたま》奇巧美観の物あれば、名を彼に冒《おか》し（名をオランダとする）、路傍に場《じょう》を構へ（場所を設け）、招牌《しょうはい》（看板）を掛け、目を喜《よろこ》しむるに至る、奇品・奇薬、瑣細《ささい》の品（細々した品物）に至るまで、人の見ること稀なる物は、皆オランダの名を冠《かんむり》

をしめざるは無し、是によりて利を求め、口を糊《のり》し（暮らしを立てる）、日を渉《わた》る者其数を知らず、或はヲランダずきと称する人あり、多くは富貴驕奢《きょうしゃ》の徒（金持ち）にして、器械・画図の観るに足るべき物あれば、更に価《あたい》の貴《たか》きを厭《いと》わず、務めて華美を逞《たくま》しふせんと欲し、文房（書斎）に並べつらね、徒《いたずら》に美観に供す、世已《すで》に此の如くなること百有余年、その間、彼の美を慕《した》ふ人、何の限りかあらん、然れども彼が長を択《えら》み取て、我短を補ふ心なきは悲しきことなり、

玄沢は、はじめ一関藩医建部清庵に医学を学び、安永七年（一七七八）江戸に出て、杉田玄白、ついで前野良沢に蘭学を学ぶ。天明五年（一七八五）長崎に遊学。翌年江戸に帰り仙台藩の侍医となり、かたわら家塾芝蘭堂を開いて蘭学教育に尽くし、江戸蘭学界の中心的地位を占めた。著訳書は多く、その中でも『蘭学階梯』は普及した。

【第三冊】

工藤平助の『赤蝦夷風説考』は天明三年成立のロシア対策を論じた警世書で上巻でロシア交易による蝦夷地開発を説き、下巻ではロシアの歴史・地理を収める。松前藩士や長崎のオランダ通詞から得た情報を基に編纂、時の老中田沼意次に献上された。

日本の力を増《ます》事蝦夷にしく事なし。又此《この》まゝに打捨置《おき》て、「カムサスカ（カムチャッカ）」の者共《ものども》蝦

夷地と一所《いつしよ》になれば、蝦夷も「ヲロシヤ」の下知に付《つき》したがふ故、最早《もはや》我国の支配は受けまじ。然《しか》る上は悔《くい》て帰らぬ事也。下説（世間の人々）の風説を聞《きく》に、東北蝦夷の方は段々「ヲロシヤ」になづき従ふと承る。如此《このごとき》事実説《せつ》（考え）にて、一旦《いつたん》「ヲロシヤ」にしたがひては力及ばぬ事なれば、これ迄の様にしてはさし置き難き事と思はるゝ也。只今迄の通りにて通路（交易のための往来）なければ何事をするも知れぬ事也。前にいふ所の我国の力をます国とては蝦夷にしく事なし。依《よつ》て心を尽《つく》す事也。如何様《いかよう》の国益を考ふとも、我国の内斗《ばかり》にての手段工夫にては、はかばかしき事は有《ある》まじき也。増《まし》て如此《このごとき》段々の次第あれば、打捨置《おき》難き時節といふべきか。

平助は仙台藩の蘭方医で終生剃髪せず平助と称したため俗医師と呼ばれたという。ロシア政策を論ずるに先立ち、蘭学者の協力を得て、主に蘭書の知識に基づきロシアの南下の実状及び日本とロシアの地理的関係を明らかにした。蘭学者との交流からオランダ通詞を通じて蘭癖大名や富裕商人を相手に、オランダ渡来の商品の取引を行い巨利を得ていた。

【第四冊】

本田利明の『西域物語』は寛政十年成立。西域である西洋諸国の国勢・風俗を記し、交通・交易や植民の必要を説く。自ら見聞きした天明の飢饉に示される当時の社会状況への問題意識をふまえ、万民増殖のためには外国からの富の獲得が必要とする経世論。

東蝦夷二十余島の長夷《ちょうい》（アイヌの長者）共銘々献上品の意にて、土地の名産品を夷船《いせん》に積み、前に云ヲホツカ（オホーツク海沿岸）え《へ》渡海し、モスコビヤ（ロシア）の重役（総督）の者、常に来《きたり》て滞留するゆへ、彼《かの》長夷ども、目見《めみえ》に出る時に、彼《かの》捧げ物をなすと云り。左《さ》すれば彼帝《かのみかど》より賚物《らいぶつ》（下賜品）を賜ると成。

斯《かく》モスコヒヤに親染《したしみ》たる土人の風情（従来の慣習）を立直《たてなお》さん事難《かた》からんかなれ共、日本に属したる島々成《なる》事は、先祖代々言伝へも有て、神殿《カモヘどの》とて尊敬するの風俗は今に絶《たゆ》る事なく、此風俗を失はざる内に、日本の船舶年中絶へず渡海・交易・輸送して撫育するに於いては、欠有《ある》所は自然と補はれ、盈有《みちある》所は取揚《とりあげ》げて交易し、有無《うむ》を通ずるに於ては、なつき随ふ事最易《いとやす》からん。僅《わずかに》安永年間（一七七二―八一）より以来のモスコビヤなれば、今の内、老夷《ろうい》ども残らず死失《しにうせ》ざる以前に、此策をしくに於ては、老夷共が先に古き事抔を語り聞せ、国恩を忘却せざる様にと、才徳能兼備の有司出仕して、撫育するにおゐては、年を経ずして日本になつき従ふべし。

関流の算学を学んだ後、天文・暦学を学び、江戸音羽に算学・天文の私塾を開いた。晩年に一年半ほど外国御用の資格で加賀藩に出仕したほか一生浪人として門弟の教育にあたった。一方各地を遊歴、民間人として初めて蝦夷地に渡った。引用したのは東蝦夷の様子で、千島列島のアイヌの長者がオホーツク沿岸に朝貢のように訪れ、交易している。安永年間というのは、ロシアが交易を求めたが、松前藩が表向きは断った時期である。

【第五冊】

寛政の改革で知られる松平定信が、老中を辞任後の寛政五年（一七九三）から随筆『宇下人言《うげのひとこと》』を書き綴る。自身の名定信を分解したもので「此書は子孫老中になり候ものは一覧有るべし（中略）家老たりとも一寸見候事も不相成候事」としていたが、老中に進むものがでなかったため忘れられた存在だった。定信没後百年を前に、昭和三年に楽公百年祭記念に松平家が『宇下人言』を限定出版、その後昭和十七年岩波文庫に収められて広く知られるようになった。

寛政四、五のころより紅毛の書を集む、蛮国は理にくわし、天文地理、又は兵器、あるは内外科の治療、ことに益も少なからず、されども、あるは好奇の媒（媒介）となり、悪しきなどいい出す、さらば禁ずべしとすれど、猶やむべからず、況やまた益もあり、さらばその書籍など、心なきものの手には多く渡り侍らぬようにはすべきなり、上庫（書庫の上）に置き侍るもしかるべし、されど読むもの（者）もなければただの虫の巣と成るべし、「わがかたへ買いおけば、世にも散らず、御用あるときも忽ち弁ずべし」と、長崎奉行へ談じて、舶来の蛮書買い侍ることとは成りにけり

定信は「わがかたへ買いおけば、世にも散らす」といいながら、蘭学を国家有用の学と認めている。林子平に対する処分は、蘭学に対する弾圧ではなく、処士横議という在野の学者による政治批判を公刊したことによるものである。杉田玄白『野叟独語』や司馬江漢『春波楼筆記』は政治批判するが、秘匿

していて公刊はおろか表明もしていない。

【第六冊】

林子平は、工藤平助、桂川甫周、大槻玄沢らと交遊、長崎では地理学を学んだ。最も注目したのが蝦夷地問題である。『海国兵談』は寛政三年（一七九一）刊行で、世界と日本は海続きで、西洋の船も容易に来航できると説く海防論である。子平が説く沿岸防備などは、幕府の海防策の不在を批判することになり、それを幕府への献策とせず、出版したため処罰された。版木没収、在所蟄居として仙台で幽閉され、寛政五年病没した

第一巻　水戦

海国の武備は海辺にあり、海辺の兵法は水戦にあり、水戦の要が大銃《つつ》にあり、是海国自然《じねん》の兵制也、然る故に此篇を以て開巻第一義に挙げる事、深意ある也、尋常の兵書と同日《どうじつ》（同様）の義にあらずと知るべし、

昇平（平和が続く）久《ひさし》き時は人心弛《ゆる》む、人心弛む時は乱を忘るる事、和漢古今の通病《つうへい》（弊害）也、是を不忘《わすれざる》を武備といふ、蓋《けだし》武は文と相並んで徳の名也、備《そなえ》は徳にあらず事《わざ》也、変に臨《のぞみ》て事欠《かか》さる様に物備置《そなえおく》を云《いう》也、

○当世の俗習にて、異国船の入津《にゅうしん》は長崎に限《かぎり》たる事にて、別の浦江《へ》船を寄《よせ》る事は決して不成事《ならぬ》と

思《おも》り、実に太平に鼓腹《こふく》（平和を楽しむ）する人と云《いう》べし、既に古《いにしえ》は薩摩の坊の津、筑前の博多、肥前の平戸、摂津の兵庫、泉州の界（堺）、越前の敦賀《つるが》等江《へ》異国船入津して物を献し、物を商いたること数多《おおく》あり、是自序にも言《いい》し如く、海国なるゆへ何国の浦江《へ》も心に任せて船を寄らるることなれは、東国なりとて曾《かつ》て油断は致されざる事也、是に因て思へば、当世長崎の港口石火矢台を設て備を張《はる》が如く、日本国中東西南北を不論《ろんぜず》、悉《ことごと》く長崎の港の如く備置度事《たびのこと》、海国武備の大主意なるべし、

さて此事、為《な》し難き趣意にあらず、今より新制度を定て漸々《ぜんぜん》に備なば、五十年にして、日本の総《すべての》海浜堂々たる厳備をなすべき事、得て可期《きするべく》、疑《うたがう》こと勿《なか》れ、此如く成就する時は、大海を以て池と為し、海岸を以て石壁と為《なし》て、日本といふ方《ほう》五千里の大城を築き立《たち》たるが如し、豈《あに》愉快ならずや、

○窃《ひそか》に憶《おも》へば常時長崎に厳重に石火矢の備《そなえ》有て、却《かえつ》て安房、相模の海港に其《その》備なし、此事　甚《はなはだ》不審《いぶかし》、細《ひそか》かに思へば江戸の日本橋より唐《とう》、阿蘭陀《オランダ》迄境なしの水路也、然るを此《これ》に不備《そなえず》して長崎にのみ備るは何ぞや、小子か見《けん》（見解）を以てせば、安房、相模の両国に諸侯を置て、入海《いりうみ》の瀬戸《せと》に厳重の備《そなえ》を設け度事《たびのこと》也、日本の総《すべての》海岸に備る事は、先此《さきにこの》港口を以て始《はじめ》と為《なす》べし、是《これ》海国武備の中の又肝要なる所也、然《しかる》と云《いえ》とも忌諱《きい》を不顧《かえりみず》して有《あり》の儘に言ふは不敬也、不言《いはざる》は亦《また》不忠也、此《この》故に独夫（市井の男）、罪を不憚《はばからず》して以《もつ》て書す、

『海国兵談』の第一巻は天明七年（一七八七）仙台で出版されたがなかなか売れず、資金調達も滞り、

友人らの援助で寛政三年四月にやっと全十六巻が出来た。製本できたのはわずか三十八部にとどまった。同年十二月幕府の咎を受けて江戸へ護送され、日本橋小伝馬町の獄屋に入牢させられた。同時に板行を差止られ、版木も没収された。このため後世に伝わることは極めて少なく、写本として行われた。寛政四年のラクスマンの来航以降は、幕末まで『海国兵談』に需要があり、嘉永（一八五一）木活字本・安政三年（一八五六）製版本が出されている。文化露寇を題材とした『北海異談』の中にも『海国兵談』の書名と引用部分がある。

中野三敏氏『江戸文化評判記』は「製版で出した自費出版の初版は厳しくとがめられ…その後、全く同内容ながら木活字本は…なんのとがめも受けていない。だれかがちょっと子平に耳打ちしてやりさえすれば、その運命は大きく変わっただろうに。ただし、子平はその初版を千部作って流布させる積りであったことは、その板本の首に、千部施行の朱印を捺していることからわかるが、木活字で千部は無理だと判断したのだったかもしれない」と記している。太平の世に危機感がないのか、子平が出版方法を見誤ったのか。

【第七冊】

山片蟠桃《やまがたばんとう》の『夢《ゆめ》ノ代《しろ》』は、大坂の町人学者の著作で享和二年（一八〇二）から文政三年（跋文）まで書き綴った大部の百科全書で文化四年には原形が成立したといわれる。蟠桃は豪商升屋の番頭として辣腕を奮って興隆、全国数十藩の大名貸として升屋の名を高め「大豪《だいごう》（大金持）」といわれた。儒学・天文学を学び、蘭学にも深い関心を示した。地動説を積極的に支持したことでも知られる。カタカナ書をひらがな書に替えた。

天文第一　卅五

この発明の術（地動説）によれば、地より諸曜（日月と火水木金土の五星）を視る事は本よりなり、月の世界及び火・木・土、および此世界より諸曜をのぞみ視ることも亦同じことなり、只その世界の高下・大小によりて差異あるのみ、ゆへに臆度（おしはかる）のことといへども、今その図をあらわし、次に示す（図は略す）。金・水の二星は、日に近くして人民有まじきなり、（割註：金・水の二星に人民あるまじきと云ものは、太陽に近く熱にすぐるを以て也、しかれども豊後別府の温泉に魚あり、魚を水に放てば一日に死す、しかれば熱中に人民あるまじきにもあらず）恒星は、みな一明界にして、をの我居る処の明界のごとくなるべし、凡この地球に人民・草木あるを以て推すときは、他の諸曜といへども、大抵大小我地球に似たるものなれば、みな土にして湿気なるべし、蹴鞠又は紙張りのごとくにはあらざるなり、しかれば則、太陽の光明を受て和合せざることなかるべきや、すでに和合すれば水火行はれて、草木の生ぜざることなし、又虫は本より生ずべし、虫あれば魚貝・禽獣なきことあたはず、しからば則、何ぞ人民なからん、ゆえに諸曜みな人民ありとするもの、我の有を以て拡充・推窮（深く調べる）するものなれば、妄に似て妄にあらず、虚に似て虚にあらず、仏道・神道のごとく無稽（根拠のないこと）の論にあらざるなり蟠桃の研究には、升屋の主人升屋平右衛門（山片重芳）がオランダ好きで、和漢書・蘭書や収集品（天球儀・地球儀・望遠鏡など）の恩恵があったからという。重芳は寛政七年（一七九五）仙台の旅で大槻玄沢・司馬江漢・松平定信と交遊を持ったことも関係あるのだろう。それにしても、十九世紀初頭の日本で、地球以外の太陽系の惑星に地球と同じように人民（たみ）が住んでいるとして、宗教のように根拠のないことではないと言い切った。

【第八冊】

宇田川榕庵の『舎密開宗《せいみかいそう》』は、日本最初の本格的近代科学書で内編十八編・外編三編、天保八年（一八三七）～弘化四年（一八四七）刊、イギリス人ウイリアム・ヘンリー原著「An Epitome of Chemistry」1801のオランダ語訳を翻述したもので、単なる訳だけでなく、榕庵自身の実験結果や独自の考えも取り入れたところに意義がある。難解なところもあるので翻刻ではなく、田中実氏『舎密開宗　復刻と現代語訳・注』の現代語訳「舎密開宗序例」から引用した。

すべて学術は粗雑から精密へ、欠陥から完成へと移り変わるものである。わが化学も、キリスト紀元の第三百年から今日に至るまでを四期に大別する。第三百年から一六五〇年（慶安三年）までを科学のカオス（注：混沌）時代という（字書によれば、カオスは混乱不純と訳し、また天地創造者の創出した万物の原始とも訳す。すなわち化学の未開時代といえよう）。これが第一期である。

一六五〇年から一七八二年（天明二年）まではフロギストン時代と称し、これを第二期とする。プロイセン国第一等の侍医シュタール（シュタールはベッヒャーの弟子で、師にまさる学者である。ベッヒャー、シュタール、ヘンケルは世にドイツの三大化学者という）は師の説を修正し、はじめてフロギストン説を説いた。フロギストンは万物の燃焼の原因となる本体である、それによれば、物体のさまざまな変化は、すべてフロギストンの出入と有無に起因するという。当時の学者の十中八、九は、この説の毒に酔ったということである。

一七八三年（天明三年）から一八〇七年（文化四年）までを第三期とする。フランスの大化学者ラヴォアジエ（注：ラボアジェ）（アントアヌ・ローラン。一七四三年―寛保三年―八月パリ市に生まれ、一七九四年―寛政六年四月六日死去。享年五十二歳）が出て、フロギストンの誤りを見破り、これをアンチフロギストンの時代という。「アンチ」とは誤りを見破り、説をたおすという意味である。ここにおいてシュタールの説に迷わされていた世人は、心底をゆり動かされて夢からさめ、こぞってその学説に従った。

一八〇八年（文化五年）になって、イギリスのデーヴィー（注：デービー）氏（名はハンフリー）は、古来発見されたことのない真説を唱え、天地間万物の離合と変化で、電気の作用によらないものはなく、従来元素とされていた土類、アルカリなども、いったん電気の作用を受ければ、みなその本体を現して、各種の酸化物は金属になると述べた。それ以来、今日に至るまでを電気化学（別名、二元論化学）の時代という。これが第四期である。第四期には人々がめいめい好き勝手に説をたてたのではなく、みな学術の精密化をしだいに進めたのである。

宇田川榕庵の小科学史は、スマルレンビュルク著『蘇氏舎密』蘭書によるという。同書には第二期を一六五〇―一七八三年としてあるのを、榕庵は一七八二年と訂正している。なお、シュタールのフロギストンは「燃素」とも呼ばれたが、金属が燃えたとき、その灰のほうが重いという矛盾が生じていた。ラボアジエは酸素であることを定量的につきとめた。ラボアジエは近代科学の父といわれたが、徴税官（徴税請負人）をつとめていたため、フランス革命の時にギロチンで処刑された。裁判の際に職業をきかれ「化学者」と答えたという。判決理由は「革命に化学者はいらない」というものであった。

第四章　文化露寇事件（フヴォストフ事件）とは

一　ラクスマンの来航（発端）からゴロウニンの捕縛（収束）

ラクスマンの来航

寛政四年（一七九二）九月三日、北海道と国後島を隔てる根室海峡に一艘の異国船が現れた。ロシアの船のエカテリナ号である。船にはロシアの最初の遣日使節アダム・ラクスマン中尉以下三十九人のロシア人と、漂流日本人三人が乗っていた。漂流民は大黒屋光太夫・小市・磯吉である。三人は天明二年十二月十三日（一七八三年一月十五日）、遠江国駿河灘で遭難した伊勢国奄美芸郡白子浦（三重県鈴鹿市白子）の神昌丸の乗組員で、大黒屋光太夫は船頭、小市は賄（まかない・事務長）、磯吉は船手（かこ・水夫）であった。

エカテリナ号は九月三日、現在の北海道野付郡別海町のバサラン海岸の沖合に投錨し、バラサンに上陸した。

九月五日ラクスマンを乗せたエカテリナ号は西別番所から送られたアイヌの水先案内によりそこから曳舟にひかれて湾内に入り、根室運上所対岸の弁天島辺りに碇泊した。天候が悪く、八日になり漂流民三人と船長のロフツォフ、通訳のトゥゴルコフが上陸して運上所を訪れた。光太夫らは漂流の経緯を語り、ロシア側はラクスマンの「松前藩主宛書簡（ロシア文）」とトゥゴルコフと光太夫による「訳文」を提出したその訳文を示す（日露の文書は木崎良平氏『光太夫とラクスマン』・『仙台漂流とレザノフ』による）。

松前藩主宛書簡（ロシア文の訳文）

天人公方陛下の商人光太夫とその仲間のために、われわれが命じられている日本国の中央政府のあるところまでの今後の航行について、松前県の司令長官へ申し上げます。天性の博愛と多感な慈悲心をもって、光太夫らの不幸な運命に同情した人々は、自分たちの難破船と天人公方陛下の船とから、苦心して航行に堪える一隻の船を造り、そこから最も近いロシアの領地カムチャツカへ連れて行きました。同地の思立った役人らは、偉大な全ロシア女帝の至仁なる法の執行者として、できる限りの保護と援助をすべての来航者になすよう命じ、光太夫らの受けた辛苦と恐怖の思いを絶つべくあらゆる努力を払い、それを成し遂げて、かれらをイルクーツク県総督府へ送致しました。

イルクーツクから光太夫らの不幸の第一報が入ると、至仁のロシア国女帝は、至高なる母性愛と人類の幸福をひたすら望まれる大御心から、大ロシア国女帝陛下の陸軍中将にしてイルクーツク県およびコルイヴァン県総督、各種勲章の所持者たるイヴァン＝アルフェリエヴィチ＝ピーリ閣下に対し、前述の大日本国臣民がその親近者や同胞と再会できるよう、かれらを祖国に送還することを命ぜられたのであります。

女帝陛下のかかる至高の命令により、総督閣下は前述の日本国臣民の遭難の事情および両国の接壊せる事情を詳細に記した文書を持たせ、光太夫らを祖国に送り届ける大日本国の中央政府への使節として、われわれを派遣されました。

しかし、クリル人（アイヌ）の住む当海岸（根室）に達し、貴役所の官吏と合い、よりよい方法を考えたりもしましたが、すでに晩秋の季節ともなりましたので、貴官が（中央政府へ）報告されるためと、われわれ自身の利益のために、当地で越冬することにしました。また、来春の当地から先の安全な航海のためにも、松前最高長官である貴官に本書簡を差出すことを願い出た次第であります。

本書簡をもって、次のことをお願い申し上げます。われわれが以上の如き意向をもち大日本国の中央政府のところまで航行すること、またわれわれがこの国の海岸へ接近の際には天候の判断あるいは他の不測の事態によって、やむを得ず主要碇泊地へ到着できず避難所での困苦に見舞われる場合、われわれを敵対する異教の反対者と遇せらずに、一切の支障なき自由な入港を許可されるよう、前もって中央政府が自国民へ指示されますことを、貴官から中央政府へ御通知下さるようお願い申し上げます。

われわれの航行継続願いの本書簡について、貴官からの御通知に対する中央政府の返答をお受けとりになった時は、われわれが適当な時期を逸しないように、中央政府の命令を遅滞なく御一報下さいますよう重ねてお願い申し上げます。

ラクスマンの「松前藩主宛書簡（ロシア文）」はロシア側に残っていたが、「松前藩主宛書簡（和文）」が日本側の史料に残されている。この文書を読み易くするため平仮名を漢字に改め、元の形をルビにしたものを次に示す。

松前藩主宛書簡（和文）

一筆啓上《ひっけい》いたし候、さて、伊勢《いせ》の国白子《くにしろこ》、彦兵衛船《ひこべふね》、船頭大黒屋光太夫《せんどうだいこくやこだゆ》、この度、駿河戸《するがど》にて梶《かぢ》をねらし、それより流《なが》れ出《た》し、七月二十日にアミシツカ《あみしつか》と申島へ《しまゑ》上り申候、此島《しま》に四年暮《ねんくら》し、それよりカミ《かみ》シヤツカ《しやつか》と申ところへ渡《わた》り申候、さて又、公方様へ《くぼうさまゑ》上り、この度私《たびわたくし》に御《をん》申渡《わた》しこれあり候、この方公《ほく》方様御《ぼさまおん》申渡《わたし》には、すぐに日本江戸表へ《えどをもてゑ》、すぐに入津《いりつ》いたし候て、三人の者《もの》どもすぐに、江戸御役人へ《えどをんやくにんゑ》直渡《しきわた》しに、この方公方様御《ほくぼさまを》申つけに御座《ござ》候間《あいだ》、この事江戸御役人へ《ことえどをんやくにんゑ》宜《よろ》しく御取計《をんとりはから》いなされ下《くだ》さるべく候、この港《みなと》にて冬《ふゆ》をいたし候得《ゑ》共《ども》、来《らい》三月時分《ちぶん》までは《わ》江戸表《えどをもて》の御状《ごしやう》、相待《あいま》ち申候、もしこの時分《じぶん》に、江戸《えど》より御状《ごしやう》参り申さず所《ところ》には《わ》、私《わたくし》の船《ふね》すぐに江戸表へ《えどをもてゑ》乗《の》り込《こ》み申候て、三人の人々直《ぢき》に江戸御役人《えどをんやくにん》へ《ゑ》、渡《わた》し致《いた》し度《た》く、その時《とき》、この方《ほ》の船玉御《ふなたまをん》ひき留《と》めなされ申まじき候、さて又、その方人々《ほひとびと》、この度《たび》送《をく》り返《かや》し申候間《あいだ》、この後《ご》、この国《くに》の人々又、船玉《ふなたま》、その国へ《くにゑ》参《まい》り申候とも、随分宜《ずいぶんよろ》しく御取計《をんとりはから》いなさるべく候、又また、この後《ご》は《わ》、この国《くに》の公方様《くぼさま》、さてまたその方《ほ》の公方様《くぼさま》と、随分御互《ずいぶんをんたが》いになされ下《くだ》さるべく候と、この方《ほ》の公方様御《くぼさまをん》申渡《わた》しござ候

松前志摩守様《まつまゑしまのかみさま》

ヲロシイス《をろしいす》の国《くに》

名はアダムラクスマン《あだむらくすまん》
名はワシレイロフチフ《わしれいろふちふ》

「松前藩主宛書簡」のロシア文と和文は表現の違いはあるが、「日本国中央政府のところまで」・「江戸表へ乗り込み」とラクスマンは日本の首都である江戸に至りたいという希望があり、それを松前藩主から幕府に伝達してもらいたいと要望している。

寛政四年十月十九日、松前藩からラクスマン来航の報告を受けた老中松平定信は、対応策を老中・若年寄（老中に次ぐ職）・三奉行（寺社奉行・江戸町奉行・勘定奉行）に諮問した。主要な問題点は、幕府の中核の国防・漂流民の受取問題・通交と貿易問題である。ロシア船を江戸湾に進入させないことで一致したが、意見はロシア船を打払えとするものと、穏便に扱い長崎に回航させようというものに割れた。定信の「魯西亜人取扱手留」を次に示す。

魯西亜人取扱手留

今ここに来るも、江戸などへしゐて来るべしとはいわず、また只来りしにもあらず、漂流せし人をおくりかえすとて来るなれば、彼のかた名正し、さるにその漂流人は江戸へ出て公儀の御役人へ渡すべきとの王命といひつのり、ネムロに御下知をまつといふは、日本地にあらざれば追い払ふべき事もなきをしり、ネムロにまちても下知なくば、江戸へのり来るべしといふは、是亦彼の方直なり、この意を只上陸をゆるさずなど非義の事いひては、弥々（いよいよ）彼れ直にして、我れ曲となるべし、長崎へ来て来りしを、門をあけずして、この門よりは来るまじ、いづかたへ廻りて来れよいはば、たれにてもこころよく思はず、さればこれまたいかがなり、

通商の道、長崎の地にて開きなば、のちには琉国（琉球）などへも海路覚え侍らば、後害あるべしといふ説もあれど、かの国万里へ通商すれば、長崎へ来りて始めてこの海路をしるべきやうもなし、

蝦夷地は不毛の地にて侍れば、蚕食併呑（さんしょくへいどん）の手段もあるまじといふも、わが国のこころよりはかることにて、カムシカツトなんどは、ゑぞ（蝦夷地）よりもあしく「たるたりや（タタール人の地）」なんども辺鄙（へんぴ）に到りては蝦夷よりも甚し、もと米穀をのみ待ちて生活するにあらざれば、不毛の地とても、わが国にておもふようにあらざるなり、極寒の地、もとヲロシヤ北の国なれば、その寒をおそるる事もなし

定信は、ラクスマンの上陸を許されず打払うことは非理とする。そして長崎回航をわが方から言出すのも問題という。しかし、長崎へ回航させることは国防上問題がないとする。定信は、ロシアの蝦夷地進出は警戒しつつも、国防を念頭に置いて、防備の整わない江戸湾への直航は避け、ラクスマンがそれを主張した場合はロシア船の長崎回航を指示するという方針をとった。

外国への漂流民は、一応、日本人の海外渡航を禁じた「寛永鎖国令」の違反容疑者であったが、かれ

らが送還されて来た場合、受領を拒否されたことはない。ラクスマンによって送還された光太夫ら伊勢神昌丸漂流民の場合も同様である。

寛政五年（一七九三）四月一日、根室に到着したロシア使節出迎役人の陸路松前行の主張対し、ラクスマンはイルクーツク総督ピーリの訓令に反するとして拒否した。出迎役人が根室に到着してから、ラクスマンがエカテリナ号で海路松前に向けて根室を出帆するまで、日露の交渉は一カ月に及んだ。この根室における交渉こそが、日露会談開催にあたっての日露も基本態度の相違を調整する重要な予備会談といってよい。松前の日露会談はわずか七日で終わっているからだ。

五月七日、エカテリナ号は松前藩禎祥丸とともに根室港を出帆した。日本側はロシア船の単独航行を極力警戒した。

六月八日、エカテリナ号は函館湾に入った。三十艘の小舟で曳き舟したが、逆風と引潮で曳航できなかった。翌六月九日早朝、やっと港内に入った。根室港を出帆してから三十二日のことであった。

六月二十一日午後二時、第一会談、ラクスマンらは宿舎を出て、二キロメートルほど離れた会談場所の松前藩浜屋敷に徒歩で赴いた。大手総柵門内は津軽藩兵が、中仕切門内は南部藩兵が警固する。玄関門内は松前藩が警備し、藩士は礼装で一行を出迎えた。初見の儀式が終わると松前藩士が書状を読み上げ、その書状を手渡し、ラスクマンが松前藩主に差出した書簡を返却した。

てがみ　おろしやもじ

此のたび贈来るところの書翰《しょかん》、一つは横文字にして、我国の人しらさる所なり、一つは我国の仮名文に似たりといへとも、其語通しかたき所も多く、文字もまたわかり難きによって、一つの失意を生せんもまた憚《はばか》るへきを以て、詳しき答に及ひ難し、よって皆返しあたふ、この旨よくよく可心得《こころうべき》もの也

会談は再会され、幕府からの贈物として大長刀三振の入った桐箱がロシア使節に示されたのち、徒目付の後藤重次郎が次のような「異国人に被諭（さとさる）御国法」を読み上げ、これをラクスマンに手渡した。ラクスマン来航についての幕府の正式回答である。

異国人に被諭御国法

兼て通信なき異国の船、日本の地に来る時は或は召捕又は海上にて打払ふ事、いにしへより国法にして、今も其掟にたかふことなし、仮令《たとえ》我国より漂流したる人を送り来るといふとも、長崎の外の湊にしては上陸をゆるさす、又異国の船漂流し来るは、兼てより通信ある国のものにても、長崎の湊より紅毛船《おらんだ》をして其本国にをくりかへさしむ、されとも我国法にさまたけあるは、猶ととめてかへさす、亦国初より通信なき国よりして、漂流し来るは、船は打くたき、人を永くととめてかへすことなく、しかれとも遥に我国の人を送り来る労をおもひ、且は我国の法をもいまた不弁《わきまえざる》によりて、此度は其儘《そのまま》かへす事をゆるさるるの間、重《かさね》てはこの所にも来るましきなり、

一、国書持来る事ありとも、かねて通信なき国王の称呼もわかりかたく、其国の言語と文章も不通《つうぜず》、

貴賤の等差もわかち難ければ、おのつから其礼のたたしき所を備かたし、疎慢《そまん》にあたらむもはかるへからされは、国書往復はゆるしかたきなり、今度漂流の人を送り来るを拒みて、左いふにはあらず、此地より通信のゆるしかたきを以てなり、

一、江戸へ直に来る事も亦ゆるしかたし、其所以《ゆえん》は、古より通信・通商といふとも、定《さだめ》ある外は猥《みだりに》不許之《これをゆるさず》、仮令《たとえ》押て来るとも皆厳にあつかひて、いつれの湊にてもすへて言の通る趣はあらすして、却而《かえつて》事をそこなふへきなり、此度蝦夷《えぞ》地よりして、直に江戸に入来るへきもの、其国の王命なるよしを、ひたすらにいひつのりで、今告《つげ》しらすことの趣にたかひなは、却《かえつ》て其国の王命にもたかふにおなしかるへし、如何にとなれは、異邦の船見ゆる時は、浦々厳重にして、或はとらへ又打払ふ掟なれば、交《まじわ》りのむつましからむことを乞求て、却《かえつ》て害を招くにひとしかるへし、されは其国の王命にもたがふとはいひつへし、今かくのことくいひさとす件々の旨をもうけひかすは、ことことく搦《からめ》とりて我国法にまかせんとす、其期に臨みては悔おもふとも詮《せん》なかるへし、

一、爰《ここ》に江戸官府の人来りて、我国の法を告しらするは、漂流の人遥《はるか》に送来る労をもねぎらひ、且は其国の人々をして、ことの趣をあやまたせじとなり、送来る所のひとは、もとより江戸官府の人にわたすへし旨をうけし由なれは、ここにてわたさんも其子細あるよし、されは我国法によりて、其所望をゆるさされは、また送り来る人をもわたさじといはむか、さらは強《しい》てうけとるべきにもあらす、我国の人を憐《あわれま》さるにあらすといへとも、それか為に国法をみたるへからさるかゆゑなり、此旨了解ありて、其思所にまかすへきよしなり、病ありて不連来《つれきたらざる》漂流の人二人も、又此所に送り来るといふとも、重《かさね》ては

此沙汰《さた》に及かたし、長崎の外にてはすへて取上なき旨をよく可弁《わきまうべき》なり、長崎の湊へ送り来るとも、我国の地方《じかた》見ゆる所は乗通るへからす、洋中通行すへし、先に告しらすることく、浦々にての掟あれは、おろそかにおもひてあやまる事なかれとなり、

長崎湊に来るとも、一船一紙の信牌《しんぱい》なくしては通ることかたかるへし、また通信・通商の事定置《さだめおき》たる外、猥《みだりに》にゆるしかたき事なれども、猶も望むことあらは、長崎にいたりて、其所の沙汰にまかすへし、こまかに言さとす、ことの旨趣をくはしく了知ありて早く帰帆すへきなり

六月二十四日午後三時過ぎ、第二回会談でラクスマンはイルクーツク総督ピーリの公文書を提出したが、受理されなかった。宣諭使はこのような文書は長崎以外では受理できないのは先日手交「国法書」によって明らかであるとした。強いてこの文書を提出したいのであれば、長崎への入港許可証（信牌）を与える用意があるから、それを持ち長崎へ赴くがよいと述べた。この会談は「信牌」の交付の約束と、漂民受領の承諾の会談であった。

この「異国人に被諭御国法」は、ラクスマンが我が国に通交・通商を求めてきたのに対し、我が国は古くから「鎖国政策」を取っているとの原則を示し、通交・通商問題については正式の外交交渉は長崎に限られているとして、早々の退去を求めたとするのが一般的な解釈である。

木崎良平氏『光太夫とラクスマン』は、ラクスマンが我が国に通交・通商を求めてきたという前提条件に問題があるという。ラクスマンは渡来の目的を漂民送還にあるとして、通交・通商問題は背後に伏

せていた。ラクスマンが通交・通商問題を初めて持ち出したのは、この「国法書」が手渡されたあとのことである。もちろん、幕府側もラクスマンの渡来の目的が通交・通商問題樹立にあることは承知していた。しかし、ロシア側が漂民送還を正面の目的として掲げるのに対応し、幕府も漂民問題に焦点を合わせ、この「国法書」を作成したという。納得できる説明である。

六月二十七日午後三時、最後の日露会談が行われた。別れの挨拶の会である。はじめ、饗宴があり、のち接見室において相互に挨拶を交わし、宣諭使から約束の長崎入港許可証である「信牌」が手渡された。次のようなものである。

信牌

おろしや国の船一艘、長崎に至るためのしるしの事

爾等《なんじら》に喩《さと》す旨を承諾し、長崎にいたらんとす、抑《そもそも》切支丹《キリシタン》の教は我国の大禁なり、其像および器物・書冊等をも持渡る事なかれ、必《かならず》害せらるる事あらん、此旨よく恪遵《かくじゅん》して長崎に至り、此子細《しさい》を告訴すへし、猶《なお》研究して上陸をゆるすへきなり、夫《それ》か為に此一張《いっちょう》を与ふる事しかり

石川将監　書判　此度政府之指揮を奉してたまふ

村上大学　書判

寛政五年丑六月廿七日

あだむらつくすまん　江

会談が終って、通訳のトゥゴルコフは自分の日本語が相手に通じたことの証明書を貰いたいと申出た。日本側は証明書を与えたという史料がある。

六月廿七日、異国人御暇被仰渡《おおせわたさり》候処、通詞申聞候は、日本にて通弁相分申候趣にて候哉、又は相分不申《もうさず》候趣にて候哉之通挨拶有之《これあり》候、

漂流人送り来る始末相分り、且日本の御国法仰渡され書の趣、通弁相分り、一段の事のよし、先刻宣諭使申され候

右挨拶の趣、書取呉《くれ》候様《よう》申聞候に付、相伺右之通 認《したため》差遣《さしつかわし》候事

七月十一日夜九時、エカテリナ号は抜錨して函館港を離れた。南東の風が吹き続き、エカテリナ号は五日間出航することができなかった。

こうしてロシア側は、ラクスマンに与えられた長崎入港許可証「信牌」を持って長崎に行きさえすれば、通商条約締結交渉が開始されるものと考えた。

レザノフの来航

文化元年（一八〇四）九月六日、ニコライ・レザノフと仙台漂民を乗せたナデジダ号は、長崎港外伊王島沖に到着した。

ナデジダ号が伊王島沖に到着した九月六日の夜、行方覚左衛門らの見届検使が通詞やオランダ商館長らと同船を訪れた。ナデジダ号では正規の海軍儀礼をもって検使らを迎えた。艦長のイヴァン・クルーゼンシュテルン海軍中佐自ら船室に導いた。レザノフにその国籍・身分来航の目的を尋ねた。ロシア側の通訳は、博物学者でオランダ語を良くしたイヴァン・ラングスドルフがあたった。

レザノフは、ロシア皇帝の命により、江戸に行って日本皇帝に会い、「国書」と献上品を捧呈する任務を有していることを述べた。また、ラクスマンが松前で日本政府から与えられた「信牌」を携帯していると告げた。

この最初の会見において、生方は使節の帯剣以外、一切の銃砲・弾薬・刀槍を即日引渡すことを要求し、レザノフは将校以上の者の帯剣、衛兵の銃を除き、翌日これを引渡すことを承認した。また、ロシア側から米・野菜・魚肉の供給の申し出があり、生方は出島乙名に命じてこれらをナデジダ号に届けることを約束した。こうして、生方はロシア人から「来航趣意書」・「信牌写し」を受取り、奉行所に帰った。時は九月七日午前二時だった。

九月七日、正式な最初の検使がナデジダ号に派遣された。長崎奉行所支配勘定村田林右衛門、長崎奉行所家老平尾文十郎、同手附矢部次郎大夫である。オランダ商館長ドゥーフ、同書記、大小オランダ通詞らが同行した。前日の見届検使の訪船によって、船がロシア船であることがわかったが、その渡来目的などを子細に確かめるためであった。

レザノフは検使に対し、ロシア皇帝アレクサンドル一世の日本国皇帝宛の「国書」を提示して渡来目的を説明した。村田らの報告書によれば「捧献貢・江戸拝礼・御当国ヱ信義ヲ結ビ、且、交易ニ付テノ心願ノ筋」という目的である。村田はレザノフから「信牌」を受取り、鉄砲・弾薬などの引渡しの了承を取りつけ、奉行所に帰った。

九月八日、長崎奉行所は第二回検使をナデジダ号に派遣した。手附の生方覚左衛門、同後藤儀助、通詞中山作三郎らである。レザノフの来航趣意をさらに確かめ、「国書」の趣意を聞糺すためである。ナデジダ号が到着した日に見届検使が受取ったレザノフの「来航趣意書」の和訳は、オランダ商館長ドゥーフの協力によってできたが、その和訳の当否を確認するためと思われる。その夜「国書写し」は奉行所に届いた。日本語文は第二回検使の報告書では「和語ノ文字ハ相分リ候へ共、主意一向相分カズ」という。ものというものだった。レザノフの「来航趣意書」和訳は次のものである。

来航趣意書（訳文）

今日、御当地神ノ島エ碇ヲ入レ候魯西亜国王の役人レザノット、船頭クルウゼンステル申出候、左ニ奉申上候《もうしあげたてまつり》、

一、略（長崎到着までの航路）

一、今般使節ノ役人渡来仕リ候儀ハ、魯西亜国王ヨリ江府エノ呈書、并御奉行所エハ右写書持渡候段

申出候ニ付、右書簡御出役御検使エ差出シ候様申聞候処、本書ハ江府表エ使者ノ者持参呈上仕リ、写書ハ御奉行所エ罷リ出、直ニ、国王ヨリ命ヲ受候ニ付、何分他ノ御方エハ附属仕リ難ク候段申出候、依之《これにより》、右呈書ノ大意相尋候処、先年蝦夷地ニ於テ、信牌ヲ賜リ候御礼申上候タメ、今般使節ヲ以、捧献貢《けんこうをささげ》、江府拝礼相勤、以来御当国エ自国ノ信義ヲ結ビ、且交易ノ儀ニ付テハ心願ノ筋モ御座候、

一、本船乗組員八拾五人、内魯西亜人八拾壱人、日本人四人、外ニ乗組ノ者無御座《ござなく》候、右日本人ノ儀ハ、十二個年以前、魯西亜国エ漂流仕リ候ニ付、当節連レ渡申候、

甲必丹《カピタン》

ヘンデレキドウフ

右之趣、甲必丹《カピタン》承り申上候ニ付、和解《わげ》仕差上申候、以上

通詞目付　連印

大小通詞

この「来航趣意書」は先のラクスマン渡来の時とは違い、レザノフが最初から渡来目的を、江戸に赴いて国書および献上品を将軍に奉呈し、日本との通商関係を樹立することと明示している。ラクスマンは当初、来航目的を漂民送還にあるとして、通商関係樹立のことは松前の第二回会談まで明らかにしなかった。これに対して、レザノフは最初から通商関係樹立を目的とし、漂民送還もそのための渡航の節に連れ帰ったとした。

さて、アレクサンドル一世の「国書写し」はロシア語・満州語・日本語文の三種である。日本語文「国書」は大槻玄沢の『北辺探事補遺』に写されているという。それによれば、まずロシア語がフランス語に訳され、フランス語がオランダ語に、ついで日本語へと訳された。ロシア側通訳ラングスドルフ、オランダ商館長ドゥーフ、オランダ通詞が従事した。「国書写し」を受取った後の九月十日に、第三回検使がナデジタ号に派遣され、国書の趣意をさらに確かめ、和訳の適正を期した。

国書和解《わげ》

恭敬而《して》大日本国王の殿下に、オロシア国より呈進する書に載する所は、貴国御代々幾久敷《いくひさしき》、御代御繁栄を謹《つつしみ》而《て》祝賀仕《つかまつる》、

次に、我祖、国土を治めしより、国王ペウトルを第一として、女王カタリイナを第二とす。此二代に至り我国を張業し、その末、阿蘭陀《オランダ》・フランス国・エゲレス国・イタリヤ国・イスパンヤ国・ドイツ国・其外国々、戦争差発《さしおこ》り候得共、我国の計ひを以て国相静め、諸邦に義を顕し、欧羅巴《ヨーロッパ》の諸州太平に及し、然るに貴国の属国の地方《じかた》不遠《とおからざる》に、是迄信を通し候儀、無御座《ござなく》候得共、向後之儀は格別信義を結ひ申度《たく》所望奉存《ぞんじたてまつり》候、

自昔年《せきねんより》、貴国御仁徳の儀は、女王カタリイナ儀、兼而《かねて》承知罷《まかり》在候処、不計《はからず》も先年貴国之船難風に逢ひ、我国へ漂流仕候に付、その人々御国へ令帰朝《きちようせしめ》候ため、十二ケ年以前自国より船を仕出し連渡り候、其節之役方の者共、格別御手厚御取扱被仰作《おおせつけられ》、其上、我国の船再ひ貴国へ乗渡においては、長崎之津

に至るへく信牌を下し玉《たま》はり、感謝無量の仕合御座候、右礼謝のため、今般使節を以、江府拝礼為仕《つかまつらせ》、以来貴国の高義欣服し、尚交易之道を開き申度《たく》心願に仍而《よって》、大日本国王の膝下に礼拝相願候に付而者《つきては》、其身柄をゑらみ、我心腹之臣カアムルヘヘル（自註：官名）ニコラアレザノットと申者、令渡海《とかいせしめ》候、素《もと》より貴国の御作法不知案内《あんないしらざる》に付、何卒御国法をも御示に預り申度奉願《たくねがいたてまつり》候、

一、先年難風に逢ひ我国へ漂流せし貴国の人々、撫育仕置、此節連渡申候、

一、積年御当国を慕ひ、信義を結度兼而《たくかねて》念願に奉存《ぞんじたてまつり》候、依之《これによって》、此一書を呈し、向後何事によらす御用筋承度奉存《たくぞんじたてまつり》候、

前件之次第被聴召《きこしめされ》、心願之通交易相遂《とげ》候においては、我属国之内、カテヤツク（自註：北アメリカのうちにあり）・アレウテキユス（自註：カムシカツテカ・北アメリカの間に在り）・シユレレス（自註：カムシカツテカの辺に在り）、是等之島々より乗渡らせ、船数之儀は一艘にかきらす、其数御差図に任せ、長崎之津、其外之地へも、御指揮次第、渡来為仕可申《つかまつらせもうすべく》候、

若又《もしまた》、向後貴国の人、我国内何国の浦に漂流たりといへとも、いささか無差支《さしつかえなく》令入津《にゅうしんせしめ》、扶助致候様、兼而《かねて》津々浦々に至るまで命を下し置く候、

其人々、御当国何国之浦へ連渡可申哉《もうすべきや》、将又《はたまた》、商法に付而《つきて》は、心願之趣、則使節之ものニコラアレザノット江、具《つぶさ》に申含置候間、貴国高官之御方々、御尋之次第も御座候はは、右使節之者へ御沙汰被成下度奉存《くだされたくぞんじたてまつり》候、

謹貢　一、時計仕込候象作り物

一、大鏡
一、臘虎《らっこ》皮
一、象牙細工物
一、鉄砲大小色々

右、微少之至候得共、自国之産物に任せ貢上仕候、御照納被下《くだされ》候に於ては、欣幸至極奉存《ぞんじたてまつり》候、其外、国産之奇品等、可備上覧奉存《じょうらんにそなうべくぞんじたてまつり》候、
王府ペートルベルクに於て、即位してより三ケ年、六月三十日
ヲロシヤ国王　アレキサンドル　判
国　老　オロンソフ

一八〇三年六月三十日（ロシア暦）付の「国書」はレザノフの「来航趣意書」と同様に、日本との信義を結び、交易の道を開きたいとのロシアの願望を正面に掲げていて、仙台漂民については、「此節、連渡った」と述べるにとどまる。通信・通商のことを背後に置き、伊勢漂民送還を正面に掲げたラクスマンの「松前藩主宛書簡」とは対照的である。

そして、江戸拝礼のためレザノフを遣したので「御国法」を示されたい。交易がなった場合、船を何艘どの港に渡れるか示されたい。今後漂流日本人はどこへ連れ渡れるか示されたい。献上品を持参させたので受取られたいと記す。江戸の幕閣はこの「国書和解」にもとづいて、レザノフ渡来の対応を協議

した。

文化二年三月六日、日露第一回会談。日本側はロシアと通商する意思はなく、レザノフの退去を望んでいるとの意向を示し、ロシア側は日本との通商は、日本の足らざるところを軽減しようとひたすら人類愛に発するロシア皇帝の大御心だと主張する。双方の主張は平行線のまま結論を得ることなく、この日の会談は終った。

翌三月七日、第二回会談。レザノフおよびロシア人全員を駕籠で奉行所に迎え入れた。前日と同じ書院奥の間に、宣諭使遠山金四郎、肥田豊後守・成瀬因幡守の長崎奉行が出座、用人横山文平がレザノフを室内に案内した。勘定方村田林右衛門が「教諭書」を大広蓋に載せて入室、肥田豊後守の前に置き、肥田が読み上げた。

教諭書
我国昔より通問する諸国不《すくなからず》少といへとも、事便宜《べんぎ》にあらさるか故に厳禁を設く、我国の商戸、外国に往事をととめ、外国の賈船《こせん》もまたもやすく我国に来る事を許さす、強て来る海船ありといへとも、固く退けていれす、唯《ただ》、唐山・朝鮮・琉球・紅毛《オランダ》の往来することは互市《ごし》の利とするにあらす、来ることの久しき素より其謂《いわ》れあるを以なり、
其国の如きは、昔より曾《かつ》て信を通せし事なし、計らさるに、前《せん》年我国漂流の人をいさなひて、松前に来りて通商を乞ふ、今又、長崎に到り好《よし》みを通し、交易を開かん由を計る、既に其事再《さい》におよんで、深

く我国に望む所あるも又切なるをしれり、然りといへとも望み乞所の通信・通商の事は、重《かさね》て爰《ここ》に議すへからさるもの也、
我国海外の諸国と通問せさること既に久し、隣誼《りんぎ》を外国に修むる事をしらさるにあらす、其風土異にして、事情におけるも又懽心《かんしん》を結ふにたらす、徒《いたずら》に行李《こうり》（使者）を煩らはしむる故を以て絶て通せす、是《これ》我国歴世封疆《ふうきょう》（国境）を守るの常法なり、争《いかで》か（どうして）其国一价《いっかい》（わずかなこと）の故をもつて、朝廷歴世《れきせい》の法を変すへけんや、
礼は往来を尚《とうと》ふ、今、其国之礼物を請《うけ》て答（手ごたえ）へすんは、礼を知らさる国とならん、答へんとすれは、海外万里何れの国か然るへからさらむ、容《いれ》ざるの勝れるにしかず
互市《ごし》（貿易）の如きは、其国の有所以て我無所に更《か》へ、各《それぞれ》其理あるに似たりといへとも、通して是れを論すれは、海外無価の物を得て、我国有用の貨を失はん、要するに国計《こっけい》（国家政策）の善なるものにあらす、況《いわん》や、また軽剽《けいひょう》の民、奸猾《かんかつ》の商品を競ひ、価を争ひ、唯《ただ》利是《これ》を謀《はかり》て、ややもすれは風《ふう》を壊《やぶ》り俗を乱る、我民を養ふに害ありて、深くとらさる所なり、互市交易の事なくして、唯《ただ》信を通し、新に好《よしみ》を結ふ、素《もと》よりまた我国の禁ゆるかせになりかたし、爰《これ》を以て通する事をせす、
朝廷の意かくの如し、再《ふたたび》来る事を費《ついや》すことなかれ

この「教諭書」は、日本は中国・朝鮮・琉球・オランダ以外の国とは通信・通商しないという「鎖国」の原則を初めて明確にしたものと言われる。ロシアが日本と通信・通商したいと強く望んでいるの

はわかるが、ロシア一国の故をもって、歴世（歴代）の法を変えるわけにもいかない。その贈り物も受れ取れず、通商のことも許せないと述べる。

そして、日本の国法を説くことに終始しているのは、レザノフが渡来に際して通商を正面に掲げ、持参したアレクサンドル一世の親書（国書）にも「何卒御国法をも御示に預り申度奉願候」とあることから、国法説くことに重点を置いたものである。

また、通商拒否の理由として、「海外無価の物を得て、我国有用の貨を失はん」として、長崎における貿易によって多大の金銀の流出があって、貿易無用が述べられた。

さて、長崎奉行肥田豊後守が「教諭書」が読み終わると大広蓋の上に置いた。勘定方村田林右衛門は、これを通詞石橋助左衛門の前に置き、石橋が通訳した。ついで肥田の家老西尾儀左衛門が「長崎奉行よりの申渡書」を小広蓋に載せ、成瀬の前に捧げる。成瀬はこれを朗読し、通詞に通訳させた。

長崎奉行よりの申渡書

先年、松前へ来りし節、都《すべ》て通信・通商は成難き事をも一通り申諭《もうしさと》し、国書と唱ふるもの、我国の仮名に似たる書も解しかたき間、持来事を許さす、第一松前の地は異国の事を官府へ申次所にあらす、若此《もし》上其国に残りし漂流人を連来る欤《か》、或は又願ひ申旨なとありとも松前にては決して事通せさる間、右の旨あらは、長崎に参るへし、長崎は異国の事に預り候し地なる故に、其議する事もあるへしとし、長崎に到るための信牌《しんぱい》を与へしなり、然るを、又今、国王の書を持参《まい》る事は、松前において申諭《もうしさと》したる旨、弁《わきま》へかたきにやあらん、是偏《ひとえ》に域を異にし、風土の等しからぬ故に、通し難き事しかり、此度改めて政府の旨を請て、申諭《もうしさと》す事、件の如し、時に船中薪水の料を与ふ、然る上は我国に近き島々抔《など》にも決して船繋《つなぎ》すへからす、早々地方を離れ、速に帰帆すべし

内容は、先のラクスマン渡来の時、国書など持渡ることを禁じ、漂流日本人の送還その他の願い事があるならば長崎に来るように信牌を与えたが、今また、国書を持参した、申し渡しの趣意通じないのはこの如くである、改めて日本政府の見解を示す、なお、船中薪水の料を贈るので早々に帰帆されたい、という申し渡しである。先の「教諭書」で触れなかった国書や信牌については触れ、薪水の供与について述べ、ロシア船の退去を促した。

休憩が入ったあと、会談が再開され、レザノフから「教諭書」と「長崎奉行よりの申渡書」を受取る旨の言葉を得た。ただし、レザノフはロシアからの贈物が受取られない以上、日本からの贈物を受取ることを拒んだ。両奉行と遠山はレザノフに慰労の言葉をかけ、第二回会談は終った。

会談後の三月八日、ナデジダ号の帰帆に向けて、交渉を詰めるため、通詞がレザノフとの交渉にあたった。相互の贈物は、ロシア側は世話になった人々へ贈物する代わりに、薪水の料および船員への贈物（真綿二千斤）を受取ることで妥結した。レザノフは長崎出帆後帰着までに風向きや潮の様子で不時に日本の港に入ることもあるので。その時のため「捨切符」の下付を要求した。この注文を日本側は保留した。

三月九日、レザノフは奉行所に赴き、滞船中の手当および贈物について謝辞を述べ、奉行肥田豊後守はこれに対して、帰路の無事を祈ると挨拶した。また、前日保留した「捨切符」の問題については、「長崎奉行よりの申渡書」を見せれば万事処置するから安心して準備を整え出帆するようにと答えた。

三月十日、長崎奉行は仙台漂民を受取り、「国書写し」をロシア側に返却する。ロシア側からの通詞およびオランダ商館長への贈物を受領した。

三月十九日はナデジダ号出帆の日である。見届検使として長崎奉行支配勘定役村田林右衛門・手附小倉源之進らが派遣され、手附矢部治郎太夫は御船蔵へ赴き、ロシア人到来時に預かった武器弾薬を取出して返却した。昼時、レザノフらが乗船、午後二時頃ナデジダ号は出帆した。船は港口の深堀のうち四郎ケ島沖に仮泊して一夜を明かし、翌二十日午前六時頃帰帆の途についた。

ここからは『クルウゼンシュテルン日本紀行』に沿って見ていく。文化二年三月二十日（ロシア暦一八〇五年四月七日）長崎港口四郎ケ島沖を出帆したナデジダ号は航路を北にとった。対馬水道を抜け日本海に入った船は、日本の北西岸を調査しながら、酒田沖を経て津軽海峡の入口に至った。四月十三日（ロシア暦四月二十九日）ナデジダ号は宗谷場所に属する野寒（ノッシャプ）沖に至り、レザノフをはじめロシア人が上陸し、十五日まで停泊した。ノッシャプには松前藩番人頭、目代、足軽数人がいて退帆を促した、十六日から十八日（ロシア暦五月二日から四日）には、樺太アニワ湾のソロンバイ入江に投錨、ルウタカに上陸して松前藩番人と出会った。艦長のクルーゼンシュテルンは、この地方が警備の手薄なことを見て占領するのも容易なことを知った。アニワ湾にヨーロッパ人植民地を開く提案のなかで一万の兵を乗せた艦隊を沈めるのに「一六門の大砲と六〇人の兵を乗せた二隻の小艇をもってして、それは可能だ」とクルーゼンシュテルンは言っている。やがてナデジダ号はオホーツク海を経て千島列島を横切り太平洋に出た。五月九日（ロシア暦五月二十五日）ペテロパウロフスクに到着した。その途次レザノフをウルップ島の視察を望んだが、クルーゼンシュテルンはその付近の海図がないという理由でそれを拒んだ。

文化二年五月二十九日（ロシア暦一八〇五年六月十四日）、レザノフはマリア・マグダリア号でアメリカ植民地視察に赴き、クルーゼンシュテルンは六月九日（ロシア暦六月二十三日）ナデジダ号で樺太探検に向かい、八月七日（ロシア暦八月十八日）帰帆、のち広東へと出航して行った。広東からインド洋を横断して喜望峰を回り、ロシア暦一八〇六年八月七日クロンシュタットに到着し、世界周航が完成した。

一方、レザノフは聖パヴェル島・ウナラシカ島・カディヤク島を経て、ロシア暦一八〇五年八月十四日アラスカのシトカに至った。レザノフはこの地で越冬し、その間にアメリカ商船ユノナ号を購入、ニコライ・フヴォストフ中尉を船長に任命して、食料調達のため当時まだスペイン領であったサンフランシスコに至り、食料調達に成功、シトカに戻ってシトカでの食料危機を救った。

レザノフは、すでにロシア暦一八〇五年七月十八日付で、ウナラシカ島から「武力による対日通商関係樹立」をアレクサンドル一世に上申していた。日本が穏便を旨とする対露政策をとりつつある時、レザノフは武力による日本開国を企てていた。シトカに戻ったレザノフは、部下のフヴォストフ中尉とガヴリエル・ダヴィドフ士官候補生を指揮官とし、ユノナ号と新たに建造したアヴォス号からなる樺太・千島の日本基地攻撃隊を編成した。

レザノフは、ロシア暦一八〇六年九月十五日ユノナ号でオホーツクに至ったが、九月二十四日付でフヴォストフに指令した。できるだけ早くシトカに戻ること、もし風の都合が良ければ樺太のアニワ湾に赴き、日本基地の様子を調べること、常に露米会社の利益を念頭に置いて行動せよ、といった日本基地攻撃計画の中止とも続行ともつかない指令である。

レザノフの残していった「武力による対日通商関係樹立」の計画遂行とも中止ともつかない指令を受けたユノナ号船長フヴォストフは、ともかく日本遠征を決意した。フヴォストフは一八〇六年九月二十五日オホーツクを出航、十月十日（文化三年九月十一日）樺太アニワ湾のオフイトマリを、翌日にクシュンコタンを襲撃した。

ゴロウニンの捕縛

文化八年（一八一一）五月九日、松前奉行支配調役石坂武兵衛は、択捉島北端アトイア岬で沖合に異国船を認めた。千島列島南部とオホーツク沿岸調査に従事しているヴァシリー・ゴロウニン海軍少佐の率いるディアナ号である。石坂はロシア人に汲水を許し、択捉島会所のあるフレベツに回船するよう告げた。

翌十日、ディアナ号に連絡に行ったアイヌのヲロキセを乗せ、ディアナ号はアトイア岬を出帆、二十六日国後島ケラムイ岬沖に姿を現した。二十九日にはロシア人が小舟二艘で上陸し、番屋の米・酒・小舟などを略奪した。文化三年九月と同四年四月にロシア人が樺太・択捉島を襲撃したことを思い起こす状況となった。国後島詰調役奈佐政辰は、文化八年六月四日上陸したゴロウニンら七人と通訳ヲロキセを捕らえ松前に直ちに送った。彼等は文化十年九月箱館で解放されるまで幽囚生活を送ることになる。ゴロウニン幽囚事件として知られる。ゴロウニンの幽囚生活は『日本幽囚記』岩波文庫で知られている。

文化九年正月二十六日、幕府は再び「魯船打払令」を布達した。先の文化四年打払令は、漂着船については手当てを加えるとしたが、この度の打払令は漂着船も打払えとした。通達を次に示す。

　クナジリにおいて補押魯西亜《ロシア》人并ラショワ人（ラショワ島アイヌ）ども、此節不及差返《さしかえすにおよばず》、其侭留置候様可被致《いたさるべく》候、尤《もつとも》、此上蝦夷《えぞ》地之内、何れ之地方《じかた》ニても、魯西亜船着仕候ハバ、仮令《たとえ》漂流之様子候とも無用捨《ようしゃなく》打払、決て上立不申《あげたちもうさざる》様取計可《もうすべく》　申候

「打払令」は一段と攘夷的様相を増したが、強硬姿勢とはうらはらに、文化露寇事件後の緊張を鎮める方向に働いた。

この状況を動かしたのは、ディアナ号副艦長ピョートル・リコルド中尉であった。文化九年八月、リコルドは国後島付近を通りかかた高田屋観世丸を拿捕、船主の高田屋嘉兵衛ら六人を捕らえペテロパウロフスクに連行した。

嘉兵衛は、ゴロウニンら解放のためには、先年のロシア人乱妨事件を謝す必要があると説いた。文化十年五月、リコルドは嘉兵衛ら三人を伴い国後島に再来した。残る三人はカムチャッカ滞留中に病死した。リコルドは、幕府がかねて用意していた次のような「魯西亜人江の教諭書」を受け取った。

魯西亜人江《え》の教諭書

往時千七百九十二年中、魯西亜船松前に来り、并千八百四年、魯西亜の使節（レザノフ）長崎に来る、二度共我方より日本の法則を以て示すのみ、魯西亜を恥《はずかし》めしこと、日本之方より絶て是をなさす、然るに千八百六年、并其明年、魯西亜の船、蝦夷島の北蝦夷地クシュンコタン又はルウタカ并エトロフ島に於て、皆日本人を捕へ、又は家倉を焼、猶又、リイシリ島海上に於て日本船を却《しりぞけ》し、又諸物を掠《かすむ》む、是如何なる所存、何之いはれなるや弁すへからす、其後千八百十一年中、魯西亜船進退窮せる（自注：漂流と中儀に御座候）に依て、又クナジリに来る、往事の仕業あるに依り、官吏魯西亜を疑ふ事ありて、七人（ヲロキセを除く）を擒《とりこ》となす、此者を質問するに、彼等往時の船の仕業は、大賊（フヴォストフ）の形勢にして、魯西亜政家（政府）の絶てしらさる所なりと言、然れども此者共の一言、日本政家猶是を信せす、去年魯西亜船、又クナジリに来るといえとも、然も往時捕へ去りし良左衛門（五郎次）并一昨年破却の船（摂津歓喜丸）の船より魯西亜方に助命せし日本人を伴ひ来り、以て生国にかえし、依て捕へ置ける魯西亜人をかえさん事を願の意をしめす而已《のみ》、往時蝦夷島に来りし船并大賊（フヴォストフ）の仕業、政家の知て命する所にあらさること確然たらは、官家（官吏）より是を答書中に明弁して贈ら

ん事可なり、若し是を承諾し、当然の仕業ならは、其時江戸に乞ひ得て、捕へ置ける皆の魯西亜人をかえすにいたらん、
若《も》し今年明弁書を贈る事あたはすんは、必明年明弁書を携て箱館に来れ
文化十年三月十五日
高橋三平
柑本兵五郎

この「教諭書」は、老中から松前奉行服部備後守貞勝に渡されたものを、村上貞助・上原熊次郎がロシア語に訳し、ゴロウニンの加筆添削を経たものを再び日本語に反訳したもので、松前奉行吟味役の高橋・柑本の名義で準備されたものだ。幕府は文化露寇事件について、ロシア政府が関与していないとの「明弁書」を受取ることで、日露紛争を穏便に解決しようとしていた。
リコルドはオホーツクに戻り、トレスキン知事の「松前奉行宛書簡」、オホーツク港長ミハイル・ミニツキーの「高橋三平宛書簡」を持って、仙台漂民善六を通訳として、ロシアに残留していた歓喜丸漂民を伴い箱館に渡来した。文化十年九月十六日のことだった。同二十六日、松前奉行は次のような「諭書」をリコルドに渡し、ゴロウニンら八人を解放した。

諭書《さとし》

（明弁書に依りて）我か疑念散却し、今其方の人々をかえし、此後両方より絶て怨《うらみ》を、残さす、異国と

新に通信并互市《ごし》（貿易）を始むる事、我国中掟《おきて》を以《もつ》て許さす、この事に於ては長崎に於て其国の使節（レザノフ）来りし時、其詳《つまびらか》なる事を諭《さと》せり、日本地方《じかた》近くは論なく、蝦夷《えぞ》諸島にても、若《も》し異方の船近き所に来る時は、則《すなわち》銃丸を以て打払ふこと、是《これ》我官理地の厳命にして、毎《つねにも》も変革する事なし、依之《これによつて》後来今の事を以て、若し他事に託し、通信の欲情を以て推して来る時は、則幸なきに至り、又是を以て害に至らん、是に依て為後来《こうらいのため》是をさとす

文化十年九月廿六日　　　　大日本官理松島之鎮台　貞勝

こうしてレザノフ来航以来の一連の事件は一応落着した。レザノフに対する「教諭書」から、文化四年と文化九年の「露船打払令」へと、さらに松前奉行の「諭書」は「異方の船近き所に来る時は、則銃丸を以て打払ふこと、是我官理地の厳命」という「攘夷的鎖国令」へと幕府の形式上の姿勢は強化された。しかし、実際上の事件処理は穏便を旨として、ロシアとの対決を避けた。レザノフ来航以後の一連の事件は、日露間の国境が定まっていないことに起因すると、ゴロウニン捕囚事件は国境問題を解決しようとする機縁となった。

幕府は、文化十一年一月二日、若年寄植村駿河守家長の名で「ロシア船渡来の際の取扱心得」を松前奉行に指示した。それは、一、通信・通商はできないが、国境については、日本側は択捉島《エトロフ》を限り、ロシア側は新知島《シムシリ》を限りとし、その間の島々へは双方より人家を建てないこと、二、漂流民送還のことはウルップ島までは差し支えない、という方針を示した。ついで同年三月一日に、国境画定交渉に備えて

「ロシア船打払猶予」の指令が出され、先の「露船打払令」は一時停止された。もっとも、この日露会合はことの行違いから実現されず、国境画定は幕末（安政元年）まで持ち越された。

二　レザノフの帰帆と幕府の対応（事件の始まり）

文化露寇は文化魯寇とも表記され、首謀者の名前からフヴォストフ事件と呼ばれる文化年間に起こった露西亜からの日本の北方領土襲撃事件である。発端となったのは、文化元年（一八〇四）長崎に来航したレザノフが、そのまま留め置かれたうえ、国書の受け取りを拒否されたことである。

福沢諭吉氏は『民情一新』明治十二年（一八七九）刊で「世の人々は唯嘉永年中西人《さいじん》（西洋人）の日本に入たるを以て我一大変動なりとて漫《むやみ》に之に驚くが如くなれど、予は唯其渡来のみを驚く者に非ず。（中略）若《も》し或いは其交際我に不便利ならば之を謝絶するも可なり。現に寛政年中には外国人を打払して彼も亦《また》甘んじて我国を去たるに非ずや。寛政以後彼の国人は日新の事業に勉強し、我は太平に慣れて怠たることもあらんと雖《いえど》も、文化年中に至るまでも彼れより我に対して活発なる働を示すこと能はざるは、魯西亜人の蝦夷地に乱暴を企て次て其跡なきを見ても知る可し。（中略）故に我開国は単に外国の人を入れたるに非ずして、外国に発明工夫したる社会活動の利器を入れたるものなり」と社会の心情を変動させる利器（蒸気、電信、印刷、郵便）について述べる。嘉永六、七年（一八五三―四）のペリー来航は、持ち込んだ利器とともに我国の鎖国を代々の祖法とする観念と政策に影響を与えた。ペリー以前

『視聴草』「魯西亜船之図」レザノフ来航　国立公文書館蔵

にも、寛政四年（一七九二）のラクスマンから続き、文化三、四年（一八〇六―七）の文化露寇といわれた紛争は、外国からの軍事攻撃であったことから対外的危機意識を喚起させた。日露戦争明治三十七―八年（一九〇四―〇五）開戦前の明治十二年の時点でも、ペリーの来航に隠れ、文化露寇のことは忘れられたようだ。

藤田覚氏『近世後期政治と対外関係』東京大学出版会では、日本全国に情報が飛び交い、文化露寇を近世日本の転換点と位置づける。藤田氏が著書の中で日露紛争の推移を、幕府が報告を受ける前から、朝廷に伝えるまでを、年表にされたのを引用する。（函館・樺太は論文に合せた）

文化三年九月上旬、ロシア軍艦、樺太クシュンコタンの松前藩運上屋を襲い番人四人を連行。
→松前藩の函館奉行への届は、四年四月七日。

文化四年四月、幕府、全蝦夷地を管轄。

十二日、函館奉行、南部藩に函館出兵を指示。

二十三日、択捉島ナイボにロシア軍艦来航、上陸して番屋を焼き払い、番人を連行。

二十九日、択捉島シャナに上陸し、南部・津軽藩兵と交戦。日本側退却し、函館奉行所支配調役下役元締の戸田又太夫自害。

五月十八日、函館奉行、南部・津軽・秋田・庄内藩へ出兵命令。

十九日、函館沖に大型異国船渡来。

二十一日、ロシア軍艦、樺太オフイトマリで番屋など焼く。

二十九日、ロシア軍艦、レブン沖で松前の商船宜幸丸を襲う。

六月二日、ロシア軍艦、ノシャップ沖で松前藩の禎祥丸を襲う。

三日、幕府、仙台藩へ出兵準備を命じる。

四日、ロシア軍艦、利尻島に停泊中の幕府の船万春丸を襲い、武器・食糧などを奪って船を焼く。

六日、幕府、若年寄堀田正敦、大目付中川忠英らに蝦夷地見分を命じる。

七日、連行の番人ら八人に書付を持たせ、宗谷に送還。

十日、ロシア軍艦の行動の概要を諸大名に触れる。

十六日、幕府、陸奥・出羽・越後の諸大名に海岸防備を命じる。

二十八日、ロシアの要求は通商と、諸大名に達す。

二十九日、朝廷にロシア軍艦の行動の概要を伝える。

文化露寇の前から北方領土に、ロシア人の侵入（食糧不足で撤退）があるので、幕府は全蝦夷地を直轄にしたが、ロシア軍艦の襲撃が行われた。五月の大型異国船の函館沖通過はアメリカ船であったが日本側を驚かせた。あまり採りあげられない、朝廷への報告も注目される。

幕府の船万春丸から奪われた大砲は、保谷徹氏「ロシアに持ち去られたフランキ砲の謎」『日本史の森をゆく』（所収）中公新書によれば、サンクトペテルブルクのロシア国立軍事史博物館で「発見」された。旧式の青銅製フランキ砲（子母砲）で全長二・六メートル、口径八〇ミリメートルほどである。フランキ砲は子砲に火薬と弾丸を装填し、これを母砲の後尾部にはめ込み、クサビなどで固定するもので「ハカラン」とも呼ばれた。専門家の意見では射程はせいぜい二〇〇―三〇〇メートル程度という。このフランキ砲が万春丸から奪われたものという。フランキ砲に「FRCO」のローマ字印章が付されていた。キリシタン大名の大友宗麟を示している。このフランキ砲は、幕府が長い間大坂城に保管し、ロシアとの紛争に際して北方にへ運んだところ、ロシア艦に奪われてはるか遠くのサンクトペテルブルクへ持ち去られた。保谷氏はロシア側の記録をもとに実物を確認された。

江戸の町触れ（『江戸町触集成第十一巻』塙書房）から文化露寇をみていく。

○文化四年卯六月

一、此節蝦夷地江異国着船之義ニ付、御役人方并奥州筋御大名之内彼地江御出立有之候ニ付、旅具其外売買致候もの俄ニ値段引上ケ、格別高値ニ致候趣相聞不埒之義ニ付、右躰之義無之様商売人共江急度申付、其上右付而ハ品々雑説等致候もの有之哉ニ相聞以之外之義ニ付、此上不埒之雑説等致候もの有之は急度可申付候間、右躰之義無之様、肝煎年番名主申合、早々行届候様可致旨御演説ニ而被仰渡候事。

[現代語訳]

この時期、蝦夷地に異国船が来て、役人方と奥州筋大名は蝦夷地に出発した。旅具等を商う者が急に価格を引上げ、格別高値にすると聞く。その様な事が商売人に無い様に、厳重に申し付ける。そのうえに様々なうわさする者が有ると聞く。もってのほかの事である。このうえ不届きなうわさをする者が有れば、その様な事の無い様に厳重に申し付ける。肝煎・年番・名主は申合せ、早々に行き届くようにと口頭で申渡された。

○文化四年卯七月

先達而蝦夷地島々ニ而、番人を魯西亜人共連行候義有之候所、今度相帰申候、右之者共通商之義を一向ニ願候との義ニ候旨、尤千石積三百石積位之船弐艘、人数六十四五人乗組罷在、外ニ舟無之、最早帰国可致趣有之候事。

[現代語訳]

先だって蝦夷地島々で、番人をロシア人どもが連行したが、この度帰してきた。ロシア人は通商を求めてきたものである。ただし千石積と三百石積位の二艘で、乗組人数は六十四、五人で他に船はない。もはや帰国したという。

三　飛び交う風聞と手紙

『通航一覧』文化四年記事の大方は、文化露寇の記事で埋め尽くされる。『藤岡屋日記』にも文化露寇に関する風聞が数多く記される。判りやすいものをいくつか示す。

○　浜辺赤人（山部赤人と赤人＝ロシア人のパロディ）
蝦夷《えぞ》の浦に打出て見ればうろたへの　武士のたわけのわけもしれつつ
　攻丸（蝉丸のパロディ）
この頃は寄るもさわるも蝦夷のさた（噂）　知るも知らぬも大かたのせつ（噂）
世はからし人はすり鉢すりこふぎ　唐と倭をあへまぜにする
松前にいかりおろしやの粧ひは　米をおしみしこれも石火矢
あちこちニ碇おろしやの船二艘　米やる沙汰を松前の沖
それみ鷹余りけんやく茄子故に　山のごとくの富士の物入
（縁起の良い初夢＝一富士二鷹三茄子の逆のパロディ）

○　蝦夷の事ニ附而太閤を云（太閤＝猿）
はがいいと土の下にて猿がいい
（猿は歯が良いと歯痒いの語呂合わせ）

○　流行いたこぶし
南部津軽がせめたとて　仙台さんでぬうちは　おろしや船ン

○　めりやす五大力
いこくの船のいつ迄も、なかなかよせてものおもひ、たとへ世間で沙汰するとても、とんと時節のすへをまつ、アアなんとせふ、たがいのこころうちとけて、うへではさわぐ御大ミふ（御大名）、さわさりながらかゑる色なきおろしや舟、頓而くるぞへせめるぞへ、おしき（ほしい）米でもやれかしく

○　荒増油断附、左ニ申上候
一、石火矢一ト縮ミ　壱艘ニ付十八挺より
一、生捕業晒島（縞）
一、こまろふ羽太島（縞）
一、気もみうら地（裏地）

一、南部あわて島（縞）
一、不意たべちょろ帯地（壁著羅の帯地の捩り）
一、鉄炮打抜小紋　三匁五分より百目まで
一、金銀たぐり木綿
一、渡海破船紋　仕立具足品々
右側御手入不申ハバ何ケ度も取替差上申候　気津井こん店（きつい紺店）

○火伝　鉄砲御丸薬　小包三匁五分、中筒弐百目、大筒三貫目
夫《それ》病の源は虚より生ズ故、北南変を生ジ交易之虫わき出で常ニ米を好ミ、寒気にとぢられて道開けざるが故ニ、自然とエト六肺（五臓六腑）を騒し、クナ尻辺より蝦夷の島ニ羽太といふ虫あり、其色以《もっ》ての外、土け色せり、是が為堀田堀田（ホッタホッタ）とせきをせき、飛騨飛騨（ひだるひだる）と労《つかれ》れ、多木（多岐）は金四痨《ろう》（遠山金四郎）大学痨《やつれ》（村上大学）の病を生じ、末には小害を引出す類《たぐ》ひたくひなる故に、見廻り立振ひ多く世の中ニ渡りて大きにこんらんす、此病を防ぐには、加減の法三品あり、南部散・津軽さん（散）・佐竹散、此三薬を用る時は少しは愈《いえる》、しかし当座をふせぐ法にして根をつよくするにあらず、不断此丸薬を用る時ハ右のわざわひなし
交易所　蝦夷そうや（宗谷）町　松前辺乱製
取次所　戸田町　筑前屋節内（戸田筑前守）

○　堀田大か座くり（覗《のぞ》きからくり）

夫《それ》会所取建御覧ニ入まするハ、江戸霊岸島入船の景色、こんぶ・数の子・鮭塩引、切手値段を引かゑ引かゑ、金と銀とを集めんと、其《その》こまやかなる所に御気が付ますれバ、津軽がつぽふ外ケ浜迄の景、沖の方には唐船が見ゑまする、扨《さて》向ふは松前蝦夷が島、西ハカラフト東ハエトロフ、是《これ》は夜中のことなれば、のろせ・石火矢天をこがし夜打の体、こなたの面々早々逃廻りうろたへまする、是《これ》も御目にとまりますれバ、ヲロシヤは左右へ引替りまして、箱館《はこだて》之景色と替りますれバ、手附《てつけ》之面々追々走加《くわわ》り、加勢数万の人数を差いだし、大筒小筒の先を揃へ、夜分の躰となりますれバ、挑灯明松《ちょうちんたいまつ》星のごとく、彼所に数万のもの入、段々寒空と二向ひますれば、ヲロシヤハ跡へあとへとくりもどしまする。なんと御老中きもがつぶれませふ、まづせん之方はしくじりしくじり。

○　蝦夷の噺し（小咄）

エトロフへ数万人数にて乗取候由ニ付、日本よりも堀田殿大将として押寄、押渡りて様子を見しに、敵壱人も居らず。何やら江戸深川仲町の遊女屋とも云つべき内在之、是《これ》ハ何さまあやしき様子なり、ヲロシア国ハ切支丹の法行ふもしれず、わづかの内ニかようなる有さま心得難し、用心可致由申、壱人も寄り付ず。日数立ても音も沙汰もなし、堀田殿被申けるは、此方ニ而《て》も謀事有之、我壱人参り相糺《ただし》候間、かならず壱人も参るべからずと被申候而《て》、壱人ニ而《て》被参候間、様子を見らるるニ、壱人も不居。ハテ心得ぬ事なりと、だんだん奥庭の方江被参、正面見付右の方之中二階左の方ニ切戸あり、松の樹ニ釣灯籠、柴垣など有之。何さまふしぎなりと釣灯籠之火をかきたてて見れバ、かの中二階ニ美なる女壱人、ただものとハ見へず。扨《さて》こそふしぎと、堀田殿言やふは、そもじハそこになにしていやる。米にこがれているわいなあ。

堀田殿とは、蝦夷地に派遣された若年寄堀田正敦。現地に着くとロシア人は一人もいない。そこには江戸深川仲町の遊女屋のようなものがある。短期間でこの様なものを、ロシア人は切支丹バテレンの魔術を使うのかもしれないと、堀田は誰も近づくなと命じた。何日たっても変わらないので、堀田は我が一人で見に行く誰も来るなと出かけた。様子を見ると一人も居ない。次第に奥の庭に行くと正面の右に中二階、その左に潜り戸がある。かの中二階には一人の美女がいる。尋常の者に見えず、堀田があなたはそこで何をしていると尋ねると、女は米に焦がれていますという。当時、ロシアは米を欲しがっていると言われた。

○　狂歌

奉行に戸川《とかわ》（咎《とが》）なけれども　羽太《はぶと》（兜《かぶと》）をぬいてこうさんしろ

松前奉行　戸川筑前守　羽太安芸守

幕府の蝦夷地を管轄した最初の松前奉行は戸川安諭《とがわやすのぶ》と羽太正養《はぶとまさやす》で、羽太は函館奉行からの名称変更での就任。両者とも不行届きとして罷免された。

平田篤胤編の『千島の白波』「新修平田篤胤全集補遺五」所収は、文化露寇と長崎のフェートン号事件の記録を収録している。その中に特に興味深い事柄がある。文化四年六月十八日津軽鰺ケ沢に停泊して船頭仲間から聞いた事の談話である。

○　龍徳丸舩頭吉五郎談話

一、此度オロシヤ大将は女之由也。尤去年中、小舩ニて女二三人エトロツフ江参り、ぶらぶらと致居候所、其女を一旦召捕、窂舎被申付候所、前々より交易之オロシヤ参り候ニ付、女商人と申事故、差ゆるし被相返候。其女則此度之大将と申事風説也。右當四月中之噪キ也。

右之趣、龍徳丸吉五郎相噺候内、筆帖へ書留申候。吉五郎申候は、津軽・南部、奥州筋の騒動、誠ニ古今未曾有の有様、嘸々江戸表なとハ大違なる事ニ可有之と、舩の中ニ案し入津仕見候所、以の外静謐にて、御成も御座候上、花火涼舩等賑しき様子を一見仕、あの方の様子と大違、胆をつぶし候由、くれくれも奥筋之騒動存出、恐敷存候由、申出候也。

[現代語訳]

この騒動のロシア勢の大将は女だという。ただし去年、小船で女が二、三人エトロフ島へ参り、歩き回っていたので、一時召し捕り牢屋に入れた。前々から交易に来ていた女商人という事で許され帰した。その女がこの度の大将という事は風説である。これは今年四月の騒ぎである。

［現代語訳］

右の事柄は、龍徳丸吉五郎の話したことを書き留めたものである。吉五郎は、津軽・南部、奥州筋の騒動を誠に古今未曾有の有様という。さぞ江戸などでは状況がわからないだろうと、船の中で案じたが、入港してみると思いの外に静かで、将軍家の御成もあり、花火や涼み船で賑わっている様子を見て、東北地方の様子とは大違いで驚いたという。くれぐれも奥蝦夷の騒動を存じて、恐ろしい事であると、申しております。

松平定信の側近水野為長の筆録『よしの冊子』にも文化露寇を伝える手紙の記録がある。

文化四年卯《う》の春、魯西亜《ロシア》人蝦夷地江責《せめ》来る事、戸田筑前守給人《きゅうにん》太田廣次よりの書に詳也、左に録す、
一、五月十日江戸出立、追日仙台殿領分大河原駅泊り、廿三《にじゅうさん》日同所出立、舟挟村と申立場《たてば》有、一休仕《つかまつり》候処、油紙包急御用状、主人の名前ニ而《て》、御船頭長川仲右衛門、御雇医師新楽閑叟より来ル、
一、此人、卯ノ三月上旬江戸霊岸島《れいがんじま》出帆ニて、蝦夷地クナジリ島、ラッコ島へ御用、東海を相廻り日数かかり、右島へ着可致《いたすべく》之処、海上凡《およそ》五六にして、頻《しき》りニ何とも不相分《あいわからず》悪風にあり候処、様子見合候所、ヲロシヤ人凡《およそ》壱萬石目船と三千石目計《ばかり》之船、都合弐艘同島之海岸壱二里を隔て沖へ懸《かかり》をき、五月朔日《ついたち》未明より大筒を打出し、段々近寄、橋舟《はしふね》ニ而《て》目方五六匁程之長筒鉄炮《てつぽう》を放し、陸近く責《せめ》来り、凡拾四五人陸へ上り、其人丈五六尺にして夷人《いじん》の如し、着類黒羅紗《らしゃ》筒袖ニて牡丹〆《ボタンしめ》に致し、エトロフ御会所

南部勤番小屋へ責《せめ》入候有様ニ候へバ、同所詰合之御役人戸田又大夫、関屋茂八郎、児玉喜内を初《はじめ》として、南部家、津軽家勤番之足軽、歩《かち》武者等下知して、都合三段ニ備《そなえ》を立、幕を打て、先達而《せんだつて》御抱入ニ相成《あいなり》同心勢を揃へて、大筒并ニ鉄炮を打出し候処、赤人《ロシア》方死するもの三人、是に因て不叶《かなわず》と思ひしか、橋舟に取乗、本船へ引取申候（中略）

其夜宵の内ハ何の音も無之故《これなきゆえ》、一日の労《つかれ》を休て一睡を催し候折から、俄に大筒の音、前後左右より鉄炮を打放し、振動の如く候故、目覚て戸口を明出けれバ、早赤人等上陸して間近く責来り候故、備を立る事ならず、我一と崩、立どまり、戦《たたかう》もの壱人も無之《これなき》、一同ニ山中へ逃行、会所より里数壱里程隔り、路止りて、其所何の音なき故に、この岸ヨリ下りて海岸を望めバ、早くも異船一艘裏口へ廻り、橋舟をおろして、逃行武者一人ももらさず討留ん有様なる故、右之人々其場を引て篠藪の重ミへ隠れ、一休致し所、宵よりの労ニて、同心、夷人も睡を催し候、折節何思ひ候や、戸田氏声を発し自害致すよし戸田又大夫ハ御留主居亀井壱岐守組与力近藤源之助兄也、死する年三十六歳のよし、亀井壱岐守組同心組頭松村佐右衛門ニ黒木柔兵衛　承之《これをうけたまる》

［現代語訳］

文化四年春、ロシア人が蝦夷地に攻めて来た事。戸田筑前守の平侍太田廣次の書状に詳しい。左に書記す。

一、五月十日江戸を出発。日を追い仙台殿領地大河原の宿駅に泊り、二十三日同所を立つ。舟挟村の休息所で一息ついていると、防水の油紙で包んだ御用の書状が届いた。主人の名であったが、お雇い医

師の新楽閑叟からものである。

一、此人、今年三月上旬に江戸霊岸島を出帆して、蝦夷地クナシリ島、ラッコ島に御用に赴いた。東海を廻り日数がかかり、クナシリ島に着いたところ、風向きが悪く、様子を見ていると、ロシアの一万石積程の船と三千石積程の船の二艘が同島の海岸から一、二里沖に停泊している。五月一日未明から大砲を打ち出し、橋舟で段々近か寄り、目方五、六匁程の長筒鉄砲を発射し、陸近くに攻めて来た。おおよそ十四、五人が上陸し、その身長は五、六尺（一六五糎前後）でアイヌの様だ。着衣は黒のラシャの筒袖でボタン留である。エトロフ御会所南部勤番小屋への攻撃の有様を聞くと、同所詰合の御役人戸田又大夫、関屋茂八郎、児玉喜内を先頭に、南部・津軽両家の勤番の足軽・徒歩武者らを指示して、都合三段の防備を整え、戦陣幕を張った。先頃雇い入れた御味方を揃えて大筒と鉄砲を発射すると、ロシア方三人が死亡した。これにより敵わないと思ったのか、橋舟に乗って本船に引き返した。（中略）

その夜、宵の口に何の音もしないので、一日の疲れから一睡したときに、俄かに大砲の音、前後左右から鉄砲を打放し、震動の如くである。目覚めて戸口を開けるとすでにロシア人らは上陸して、間近に攻めてきた。防備を整える事もできず、動揺して立ちすくみ、戦う者は一人もいない。揃って山中に逃げ、会所から一里（約四粁）程離れた路止まりに、そこは何の音もしないので、この岸から下りて海岸を望むと、早くも異船一艘裏口へ廻り、橋舟を降ろして、逃げた武者は一人も討ち漏らさない様なので、皆その場を離れ篠藪の茂みに隠れ、一休みする。宵からの疲れで、味方もアイヌも眠ってしまう。そのとき何を思ったのか、戸田又大夫が声を発し自害致すよし。

戸田又大夫は、御留主居亀井壱岐守組与力近藤源之助兄也、死する年三十六歳のよし、亀井壱岐守組同心組頭松村佐右衛門に、黒木柔兵衛がこれを承る。

四　杉田玄白『野叟独語』の悔しさと不安

野叟独語とは、老人の独り言という意味である。杉田玄白はオランダ解剖書『ターヘル・アナトミア』の翻訳にたずさわり、安永三年（一七七四）に『解体新書』として出版、蘭書の解読による西洋の学術研究の道を開いた。文化二年当時の、玄白の家塾天真楼の門人は百四名と名が知られていた。のちに『解体新書』翻訳の苦心を回想した『蘭学事始（らんがくじし）』文化十二年稿（読み方は杉本つとむ氏の用例研究の成果による）を執筆して我が国における近代科学の起源を書き記した。この『野叟独語』は文化四年に稿が成った北方問題への随想で、自身の影法師との対話である。

兼好法師が思ふことはいはざれば腹ふくるゝとなり。これを言んとすれば、他人の聞ん事を恐る。又止めんとすれば、胸悶えて堪難し。或夜、燈の下に閑坐し、我影法師に向い、自ら問を起し、先生（影法師）いはんとする事あらば、其知る所を答へ給へといへり。（中略）此時節、世将乱《よまさにみだれん》の萌《きざし》見へたる様なり。専《もつぱら》中興の御政道を行ひ可給《たまうべき》御時代かと有る也。

先《まず》其萌《きざし》の第一と申は、近来諸人聞く所の魯西亜国の外患なり。三十年以来、我東北奥蝦夷の諸島を蚕食し、又頻に隣誼《りんぎ》交易を取結ぶの事を願ひ、是迄段々次第（順を追って）、甲子《かっし》（文化元年）の秋長崎表へ使節を送り候所、御諭《さとし》文を被下《くだされ》、無御取上《おとりあげなく》差戻されし故に、彼其宿意（かねてからの志望）に背きし事なれば不快に思ひしと見へ、長崎の御取扱厳酷に過ぎ、前約違変なりと憤り、夫《それ》を名（名目）とし、去秋当夏（文化三年秋から四年夏）蝦夷西北諸島へ乱入せしと申也。是《これ》事情通ぜざる行違に出たる事なるべし。然ども、愚夫庸俗（考えの及ばない人）の類は委細の事をも弁《わきまえ》へず、何か御違変（心変わり）の様にのみ心得、はるばる音物（贈り物）を持参せし使者を空しく御返被成《なされ》しは、夷狄ながら大国へ対し御無礼の様に申、彼を是《ぜ》とし此を非と思ふ様に申聞ゆる也。（中略）

扨《さて》当夏帰帆の魯西亜船より、交易の義御許し無之《これなく》ば、来春到り数艘の船を向け可申《もうすべく》と申越せし由、其実不実はしらず、人々申唱ふる処也。御上《おかみ》よりは、来船何の廉立《かどだつ》事にあらず、交易一通《ひととおり》の願望にて、船《ふね》は疾《とく》に帰帆せりと御触あれども、是《これ》只浮説を退け、人気《じんき》をなだめ玉ふ一時の御謀《おはかり》也とて、しゐて疑を生じ、実以《まことにもつて》人心穏《おだやか》ならず。かく世の人気《じんき》落着きなきは以《もつて》の外の事といふべし。是を静め玉はんに扱方こそ可有《あるべき》也。（中略）

兎角彼方の人は惣《すべ》て謀ること心永く、子々孫々も其志を継ぎ、色々に手をかへ望を達する事と見へ、とふとふ去る頃は松前にて玉ひし信牌《しんぱい》を持参し愈《いよいよ》信義を通じ、交易をも取結度《とりむすびたき》よしにて、長崎迄使節を遺したる事になりたり。然るに其節の御扱不足といふを名として、去秋より当夏に至り、蝦夷地、西は唐太島の内、東はエトロフ島へ乱妨し、若《もし》交易御免無之《これなく》ば、来春数艘の船を差向、北地の分は攻取可申《もうすべく》との書簡を残し、一先《ひとまず》帰帆せし由聞ゆる也。是《これ》実事ならば世の乱るべき端《はし》（発端）にして、誠に

御大切の御時到来せしと存《ぞんず》る也。（中略）

今更唐太・エトロフを乱妨《らんぼう》されしとて、夫《それ》が怖しさに、無何事《なにごとなき》御免は本意なく、外国へ対して御外聞不宜《よろしからず》、又我国内の諸人の思はん所も腑甲斐《ふかい》なき様にて、上《かみ》の御威光の薄きに似たれば、為《な》し難き事と存るなり。然《しから》ば軍兵を被差向《さしむけられ》、御一戦あらんより外はあるべからず。

去《さら》ばとて今の武家の情態を見るに、二百年近く豊なる結構至極の御代に生長し、五代も六代も戦《たたか》ふ事は露程《つゆほど》も知らず。武道は衰《おとろ》へ次第に衰へ、何ぞ事あらん時、御用に立べき第一の御旗本・御家人等も、十に七八は其状（状況）は婦人の如く、其志の卑劣なる事は商賈《しょうこ》（商人）の如くにして、士風廉恥の意は絶える様なり。（中略）多くの御旗本・御家人の内にては、又志厚く才智のある人も数多《あまた》あるべきなれども、是《これ》も又覚へず世の風俗に引立られて、勝手向きすり切たる（経済的に困窮する）家督をつぎ、其身は何程　志《こころざし》　有之《これある》、家の子・譜代の家来は不持《もたず》、一季・半季の渡り者計《ばかり》召仕ふる故、何ぞといふ時、矢玉の中に飛込で、主人の鑓《やり》脇勤る用人も侍も徒《かち》（従者）もなし。よし又有とても、其者計《ばかり》にては是もなきが如くなるべし。扨《さて》昔の渡り者というものは此勇気のある者にて、大小の類も相応に切れる物を帯せしが、今は竹光《たけみつ》神明丸ポカンといふを腰ふさぎ計《ばかり》に指《さす》まで也。箇様になり下りし事なれば、御旗本何万人、何者に何程といふ御軍役の御定あれど、至て御手薄き事の様に奉　察　入《さしいりたてまつる》御事なり。又大名とても同じ事にて、代々太平の化《ばけ》（変容）に染《し》み、次第々々に奢《おごり》に長じ、世間の付合《つきあい》、外見のみを宗《むね》として二百年近く江戸表へ参勤し、知行の米を売払、金にして江戸へ持出し、一年限りに遣ひ捨たる事故《ゆえ》、近来手詰になり、身上立行兼《たちいきかね》、領分に役金（賦役の代納金）を当て家中には借米（俸禄の天引）し、家中の者々可持《もつべき》人数も不得已《やむをえず》、夫《それ》も持《じ》せず。僅《わずか》の御番所勤にも、一と番切（勤番限り）に日雇を買い人足を雇ひ、人数の頭数を合せ、漸《ようやく》勤の名を欠《かか》ぬ計《ばかり》也。（中略）

扨《さて》御役にかかる人々も、一役切に一日の勤向を間に合せ、少しにても間違ひあれば、如何なる仕損じの様に手違ひといわれ、上よりの御咎《おとがめ》を受るが怖しさに、グジラグジラと無益の事に手間をとり、御用を弁《わきまえ》ずる様に成行、只其役中手違のなきを専一とし、後役の難儀、下のいたむも不構《かまわず》、少しにても御益の付様《つくよう》にして、立身するを専一とするが風俗となりたる様なり。然るに先年（安永九年）房州へ南京船の漂流せし時も、（中略）近くは当春（文化四年正月）も銚子浦へ唐船漂流せしも、同じ轍《わだち》の長評議に日数を送り、正月に着し唐船を漸く六月に御帰しありたる様なり。此趣にては万々一魯西亜船にても寄来らば、如何可成哉《いかがなるべき》。先《まず》外国に対し御政事の不行届、埒《らち》の明ざるやうにて、御外聞如何ばかり、気の毒至極に奉存《ぞんじたてまつる》也。右様の無益の事に日数重《かさな》りて、御国用費《ついえ》る事も多き事と見へたり。

有徳院様（八代将軍徳川吉宗）の御代より既に七十年来、世の奢《おごり》増長し士風次第々々に衰《おとろへ》るを、つくづく詠《なが》め居る内に、近来の天変地妖、魯西亜の沙汰を聞ば、実に夜の目も眠られず。然《しか》ばとて、我等如きの者、箇様の事を云ひ出れば、上《かみ》を不恐《おそれざる》ものとて、罪を得んは目の前也。（中略）罪を得んは素より厭《いと》はざれども、狂立《くるいだち》もせずして乱心者に取扱はれん事残念なれば、申出もならず。只《ただ》足下（影法師）と我と限りなき憂をのみ語り合、ふくれし腹内の有雑無雑《うぞうむぞう》思い残さず吐《はき》尽す迄也。必々《かならずかならず》他人に聞せ玉《たま》ふな、と語れば、夜はほのぼのと明《あけ》にける。

杉田玄白による、自身の影法師を前にした一夜の独白である。文化露寇の騒動と文化四年当時の様子がよくわかる。ロシアがまた攻めて来るのではないかという不安と、本来軍事政権の武家の弱体化、不甲斐なさを嘆いている。武家の家来の中に竹光（刀の刀身を竹細工）を指す者がいて、「竹光神明丸ポカン」とあざけられる。子どもが遊び相手の名前を言って「誰々ポカン」という遊びらしい。（綿谷雪『続・考証江戸八百八町』秋田書店）

「船は疾に帰帆せりと御触あれども」とあるのは、文化四年卯六月の触書である。現代語に直したものが次のものである、「この時期、蝦夷地に異国船が来て。役人方と奥州筋大名は蝦夷地に出発した。旅具等を商う者が急に価格を引上げ、格別高値にすると聞く。その様な事が商売人に無い様に、厳重に申し付ける。そのうえに様々なうわさする者が有ると聞く。もってのほかの事である。このうえ不届きなうわさをする者が有れば、その様な事の無い様に厳重に申し付ける。肝煎・年番・名主は申合せ、早々に行き届くようにと口頭で申渡された。」（『江戸町触集成第十一巻』塙書房）

「北地の分は攻取可申との書簡を残し」とあるのは、ロシア船から松前奉行に宛てた書簡で、表はロシア語で裏は片仮名で書かれ、片仮名には朱筆で文字が記される。松前奉行羽太正養（はぶとまさやす）の『休明光記』第八之巻に記録される。該当部分を次に示す。「キタノチトリアゲモヲスベクソロ（北の地取上可申候）…マタマタフ子フ子タクサンニツカワシコノコトクニエタシモヲスベクソロ（又々船々沢山に遣し此の如くに致し可申候）」これは公文書で、触書で公表できる内容ではない。どこからか漏れたのだろう。

この片仮名の文書（フヴォストフの来航趣意書）を、木崎良平氏『仙台漂民とレザノフ』は漢字・平仮名交り文に読み易くされたので次に示す。樺太の表記はママ。

近《チカ》く近所《キンショ》のことに御座候間《ゴザソロアヘダ》、下《シタ》の者《モノ》に申付《モウシツ》け、渡海商《トカイアキナ》いの事《コト》、乞願《コイ子カイ》に遣《ツカハ》し候《ソロ》て、朋輩同様《ホウバイドウヨウ》に寄合《ヨリアイ》、吟味相談《ギンミソウダン》の上《ウエ》、商《アキナ》い首尾《シユビ》よう致《エタ》し候《ソウラ》わば、誠《マコト》に仕合《シヤワ》せに存《ゾン》じ候《ソヲラ》へども、度々長崎《タビタビナガサキ》へ使者《シシヤ》を遣《ツカワ》し候《ソヲラ》へども只返事《タタヘンジ》もなく、返々《ヘンペン》なされ候故《ソロユヘ》、異変初《イヘンハジ》めてこのもとの天下様《テンカサマ》より大《オ》きくして腹《ハラ》たちて、商《アキナ》い手《テ》もなくは、赤人同様《アカヒトドウヨウ》に樺太《カラフト》、それによって最初願置《サイシヨ子カイヲ》き候《ソヲラ》へども、聞《キ》き受《ウ》けなく、それ故《ユヘ》この度《タビ》この元《モト》の手並《テナ》み見《ミセ》せ申《モヲ》し候《ソロ》て、きかない時《トキ》には北《キタ》の地《チ》とり上《ア》げ申《オヲ》すべく候《ソロ》、ならふことならば、返事《ヘンジ》の便《タヨ》りにてもすみますことに御座候《ゴザソロ》、樺太又《カラフトマタ》は島々《シマシマ》ウルツフまで、赤人《アカヒト》つい行《イ》かれますによって、追散《ヲチツチラ》してやります、又《マタ》は乞願《コイ子カイ》の筋《スジ》かなはせ候《ソヲラ》わば、末代心《マツダイココロ》やすく致《エタ》し度心掛《タキココロガ》けに御座候《ゴザソロ》、左様御座《サヨウゴザ》なく候《ソヲラ》へば、又々船々《マタマタフ子フ子》沢山《タクサン》に遣《ツカワ》し此《コ》の如《コト》くに致《エタ》し申《モヲ》すべく候《ソロ》

松前御奉行様《マツマヘヲブキヨサマ》

ヲロシヤ

杉田玄白とは一回りほど若く、蘭学者で日本最初の銅版画家の司馬江漢は随筆『春波楼筆記』にラクスマンとレザノフの来航について記している。

○近年米穀安く武家に益なし、今に方りて魯西亜と交易を為ざるを思ふはなんぞ愚《おろか》ならずや、寛政五《ママ》癸《みずのとうし》丑年七月、魯西亜船蝦夷《えぞ》地ネモロと云ふ所に、幸太夫《こうだゆう》を乗せ来りし時、日本米と彼国の産物と交易

を結びたく、幸太夫を以て願書を出《い》だす、其頃越中守白川侯（松平定信）権錘《けんすい》（老中首座）を取る、則、信牌《しんぱい》を下さる、曰く、

一、おろしや国の船一艘長崎に至る為の印の事、一、汝《なんじ》等抑《そもそも》切支丹《キリシタン》の教《おしえ》は我国の大禁なり、其の像及器物書冊《しょさつ》等に至るまで持参する事なかれ、必《かならず》害せらるる事あらん、此の旨能《よ》く悟導《さとりみちびき》して彼の地に至らば、尚《なお》研究して上陸をも免《ゆる》すべきなり、夫《それ》が為に此の一張《いっちょう》をあたふる事しかり

石川将監　花押

村上大学　花押

此の度政府の指揮を奉じて給ふ

アタンラクマン　江

ワシレイローチン

寛政五丑年六月二十七日

右松前表において

○白川侯（松平定信）博学敏才にあれど、地理の事においてはいまだ究めざる事あるに近し、長崎の地へは千里の遠路にして、亦《また》蝦夷地において交易の場を開く時は、彼の地自ら開くべし、また切支丹《キリシタン》を甚《はなはだ》懼《おおそ》れ恐るるは何事ぞや、信長彼の宗法を信じ、彼の国の僧を多く渡海をゆるしければ、僧徒日本美《うるわしい》国なる事を知り、窃《ひそか》に闚《うかが》ふにや、其の後神祖大君《たいくん》（徳川家康）此の宗法を悪《にく》み給ひし事は、其の残党相群り徒党をなす、且《かつ》は大乱の基《もとい》なる事をしろ（し）《欠字》めし大禁の命令あり、今此の宗法を以て魯西亜

人弘むと雖《いえど》も、誰か一人之に与えん
○其の後十余年を経て文化二《ママ》丑《うし》年三月、肥前長崎の津《つ》に魯西亜の船《ふね》を入る、使者の者、国老レザノット、女帝《ママ》アレキサンデルの印、其の書翰《しょかん》に曰く、我国は貴国と隔たる遠しと雖《いえど》も、属国貴地に近し、故に隣国のよしみをなし、年々聘使《へいし》を以て交易をなさんとす、大日本国大王の膝下に拝礼をなすとあり、然《しか》るに、魯西亜の使者を、半年長崎に留め上陸をも免《ゆる》さず、其の上彼等が意に戻り、且《かつ》其の返答甚《はなはだ》失敬不遜《ふそん》、魯西亜は北方の辺地不毛の土（土地）にして、下国なりと雖《いえど》も、大国にして属国も亦《また》多し、一概に夷狄《いてき》のふるまい非礼ならずや、レザノットは彼の国の使者なり、王は我国の王と異ならんや、夫《それ》礼は人道教示の肇《はじめ》とす、之を譬《たと》へば位官正しきに、裸になりて立つか如し、必や吾国の人を、彼等禽獣の如く思ふなるべし、嗚呼慨哉《ああなげかんかな》

この江漢の一連の筆記ではラクスマンの時はロシアとなぜ交易をしないのかと憤り、レザノフの時は外国の使節に対して非礼であると嘆いている。文化年間の初めは豊作が続き米価が低迷していたのも分かる。ラクスマンとレザノフの来航時期が違っているように見えるが、いずれも帰帆の時期を記すのは、帰帆後の記録のせいなのだろう。ロシア皇帝アレクサンドル一世を女帝とするのは、ロシアの状況が正しく伝わっていないためだろう。それにしても、ラクスマンの信牌の文面やレザノフの国書写しから「帝アレキサンデルの印、其の書翰に曰く、我国は貴国と隔たる遠しと雖も、属国貴地に近し、故に隣国のよしみをなし」を引用するなど、江漢は何処から情報を得ているのだろう。

ロシア文の解読には蘭学者が関わっている。杉田玄白も司馬江漢も蘭学者なので、蘭学者のネットワークから情報を得ているのだろうか。

それにしても、江漢はレザノフへの対応に不満をいっているだけだが、玄白は「彼を是とし此を非と思ふ様」といっているようにロシアとの交易を認めている。交易で時を稼ぎ軍備増強すればよいという考えだ。

五　蒲生君平『不恤緯』の悲憤と怒り

『不恤緯・ふじゅつい』は、文化四年（一八〇七）江戸にいた蒲生君平が文化露寇を知り、幕府の老中に提出した北方防備論である。幕府が取り上げることはなく、写本で流布され、幕末の安政五年（一八五八）頃の吉田松陰の「松下村塾蔵版」が知られるが、明治初年に「松下村塾蔵版」が京都、大阪で出版されているという。君平は文化十年には病死する。曲亭馬琴『兎園小説』本集の末尾に「蒲の花かたみ」という書留めがある。題名のとおり、文政元年にできた蒲生君平の漢文の墓表と書き下し文が書き留められ、文政七年に息子の興継を連れて墓参したことが記される。君平の墓表に「丁卯の年（文化四年）北虜（リョ＝うばう）辺寨（サイ＝とりで）を擾（ジョウ＝みだす）るるの風聞あり。修静（君平の号）江戸に在り、かのことを伝へ聞きて、憂い且憤りに得堪えず。すなわち不恤緯五編を著し、上書して、これを国老の執事にたてまつりしに、御取りあげはなかりけり。」とある。

『不恤緯』テキストは『蒲生君平全集』東京出版社版による。

「国老にたてまつりて北辺の事をいいつ書」并に策文五編

一治一乱（太平に乱あり）は、いにしえより其の常なり。然れども天地が分かれてより神州は天子の天命を受けたまわる有り。伝祚長久にして窮極（終わる）有ること無し。世に盛衰有り、道に汚隆（凸凹）有りといえども、皇天の世之をたすくるに。賢宰良将を以てし、其の神器を喪（うしな）はず。其の民命を墜（おく）さず。其の国体を卑しくせず。未だ嘗て禽獣の人類を横虐（虐待）せしことあらず。未だ嘗て夷蛮戎狄（異民族）の中土（領土）を侵寇（侵攻）せしことあらず。之をなんとする。すなわち今に至り、独りその魯西亜豺虎（猛々しい悪人）の北辺を暴するを堪えるべきでない。これ天下忠義慷慨（悲憤）の士、人々切歯扼腕して憤る所以なり。我が東照（天照）神祖の王室を輔（たすけ）、天下の難を靖（やすんぜ）しより、征夷師府を江戸に置き、諸侯を率きて以て海内を鎮（しずめ）、今に至るまで二百年の治、赫々として殷（さかん）なり。是において正に辺寇あり。国始（はじめ）て洶々（キョウキョウ＝びくびくする）たり。それ貴賤となり生れて今日にあるもの、いずれかその徳沢（恩恵）をこうむり、その太平を楽まざらむ。いやしくも人心ありて之を顧みんか、それ宜しく身を致し、忠を盡し、以て万一に報ずべし。凡そ謀略ある者は厳威を犯して、以て良策を献ずべし。凡そ材武ある者は矢石をこうむり、以て忠功を建つべし。凡そ其の財貨ある者は家産を挙げて、以て軍資に供すべし。

（以下、元寇の話・明和七年の赤気（低緯度オーロラ）の話・『海国兵談』の林子平の話が続く）

君の為、国の為。報ずる所あらんと欲し、敢えて万死を犯し、自ら顧みるに暇（いとま）あらず。謹みて其の情を陳（の）べず。戦戦惶懼（コウク＝びくびくする）の至りにて任（た）えず。
文化丁卯夏六月　　蒲生秀実再拝頓首昧死（まいし）以て聞（ブン・申し上げる）す。

「不恤緯　前書」

不恤緯は、是れ周の時（時代）の嫠（リ・やもめ）婦の言（春秋左氏伝・昭公二十四年）を取る。嫠婦は緯（よこいと・ここでは緯の不足の意）を恤（うれえ）ずに、宗周（国事）の頽（タイ・たおれる）を憂えた。いわんや大夫たる者、生まれて今日あるは、太平の徳沢を被ること渥（あつ）く、辺警（辺境の警報）あるを聞く。また何の慷慨悲憤なく国を憂えるや。まさに身を殺して以て万一に報ずべし。今それ千里（遠方）の馬を致さんと欲せば、まさに其の死骨をも捨てざるべし。千秋（長い年月）の図（はかりごと）を建てんと欲せば、まさに其の腐語（世に埋もれた意見）をも捨てざるべし。臣の腐語窃（ひそか）に期することを為す。


以下の五編は小林友雄氏『蒲生君平の生涯』の要約を参照した。

「治要（ちよう）第一」

いにしえから昇平（平和）の日久しい時は、その民は安楽を求めて義を忘れ、奢侈淫情に陥つて、風俗は自ずから悪くなるものである。商人徒食の輩が天下に半ばして、百姓の業につくもの少なく、凡僧、俗吏、腰抜武士が、売笑（金品を得る）の末技（未熟な技）を事として、ただ利のみ追うこととなり、ここに物質は欠乏来たるものである。

百姓は独り賦課徒（いたずら）に重く、年毎の災厄に苦しみ、幕府は飢饉に備えるの施設を忘れているという有様であるから、百姓の大半は草深い田舎を捨て、華やかな都へと移り市井の商人たらんことを求めて、その多くは浮浪の徒（と）となる。

飢饉の災を免がれとならば、宜しく都会の人口を減じて、地方の戸数を増すの大方針を樹（た）つべきである。

諸侯の邸宅を質素とせよ。その臣妾（ショウ・侍女）の数を減ぜよ。よくその費（費用）を省いて税を減じ、民の負担を軽からしめよ。

又民をして故山（故郷）を離れしめないとならば、その魂を故山に結びつけよ。孝悌（年長者に従う）を教え、葬祭の礼を篤（あつ）からしめよ。ここに累世居住の地に愛着を感じ、よく父母の墳墓を清掃するに至つて、風俗よく改まり、自ら物質も足りることとなる。

民をしてその父祖の墳墓を尊（たっと）ばしむるには、国政に当たる者よく範を民に垂れて天子の陵を修復すべきである。臣山陵志を草しつつある所以もここにある。

「変萌（へんほう）　第二」

北狄魯西亜は禽心獣行の徒（と）で人道を知らない。礼を以てするも必ず寇（あだ）し、礼せざる時も又来たり寇する。

いやしくも外患のことを知らば、諸侯はよく兵を練り、士風を振い、豪傑を起し、賢良の士を挙げ、綱紀を張り、革新を行うべきである。かくしてこそ北辺の防備初めて成り、国土自ずから揚がり、外敵何ら怖れるにたらざるに至るのである。

今は北辺の警報交々として伝わり、天下愕然として、流言蜚語盛んに行われている。然るに政（まつりごと）の局（職責）にある者、その謀（はかりごと）を密にして更に漏らすところなく、民は全くその真相を知り得ないから、憶測のみ行われ人心恟々（きょうきょう）たるばかりである。

更に賦課の重きに苦しみ、善政の行われざるを不満とする者、或は徒党を組んで、北狄を援くるが如き不測の禍を生ずるやも知れない状態にある。

政に当たる者、すべからく民に恩恵を施し、民苦を察して、善処の策を講ぜられよ。


「虜情（りょじょう）第三」

兵書に曰く、上兵は謀を伐（う）つと。今魯西亜を図るに、その謀の出（いず）る所のその情況を察するべきである。

彼らは水草を追い、獣と共に住んで、その肉を食いその皮を服とし、筋骨を氷雪の中に鍛えている。

その性は争奪を好み、義理人情の辯（わきまえ）もない。

彼等は来たつて和を議し、和して互市（貿易）を開き、互を以て災（わざわい）をまち、災をまつて乱をなし、わが君臣をして謀に悩まし、軍兵をして奔命に疲らしめ、百姓をして運輸に病ましめ、耕馬を駅路に迷わし、田園を荒廃に導き、民心を政より離れしめて、以て一挙にその欲念を全せんとするものである。

故に今日政を行うべきものの考えるべきことが五つある。

一、名分を恃（たの）む。朝廷を中心として礼を修めば、海内誰か離叛するものがあるか。

二、形勢を恃む。戦国尚武の遺風を起し、正気（せいき）を鼓舞せば、皆必ず盡忠報国を期す。

三、常に廃田多きを恃む。廃田は必ずしも田の痩せた為でない。重税を苦しんで捨てたものが多い。故に仁政を行えば収益大である。

四、都に遊手（あそびて）多きを恃む。善く遊手を働かせ、その分に応じて仕事を与えれば、必ず命に従い力を致すものである。

五、国に徒費（浪費）あるを恃む。奢侈甚だしく天下の財を空費（無駄）すること少なくない。諸侯先ず範を垂れて諸費節約をはかれば、必ず軍国の資に供することが出来る。

「刑名（けいめい）　第四」

天下、名より重きはない。名を以て義を生じ、義を以て礼を制し、礼を以て政を体するのである。政に刑と兵がある。しかも名に本づかねば成らない。足利義満はその名を軽んじて明（明国）に臣事した。かくては何を以て政（まつりごと）を為すべき。その後争乱相ついだのは当然と言うべきである。

臣かつて八虐六議（はちぎゃくりくぎ）のことを読んで、悲喜交々（ひきこもごも）として覚えず涙が下つた。それはその名今に存することを喜び、その世に行われざることを悲しんだのである。臣先に山陵を拝せし時、その荒廃甚だしく、山陵を毀（こぼ）せる所甚だ多い。これ大逆とて八虐の一つである。大逆を犯して自らこれを識らず、刑名何処にか在る。臣ひそかに国家のためにこれをあやぶむ所以である。

「兵資（へいし）　第五」

兵の寡（すくな）くして弱きこと今日より甚（はなはだし）きはない。

方今（今日）、世禄（世襲の家禄）の人が政（まつりごと）にあたり、賢材も家格にしばられてその力を振うことが出来ない。世は挙（こぞ）つて浮華（外面は華美）に流れ、諸侯はことごとく弱く、百姓は窮している。剣客勇武の士は空しく巷（ちまた）におちぶれ、今や剣法何処に行われ、槍術何処に在るや。この時北狄のこと起こる。憂国の至情禁じ難き所以である。

今、臣の言は民を安んじる所以にして、唯々王室を明らかにすべく、諸侯を富まし以て仁政を施すべきである。願わくは採納（採用）せられんことを。

六　露寇を小説にした『北海異談』の末路

『北海異談』は文化露寇を題材とした実録体小説である。『実録研究─筋を通す文学』清文堂の中で高橋圭一氏「『北海異談』について─講釈師の想像力─」は次のように表現する「日露戦争のほぼ百年前、文化四年（一八〇七）の秋、北海道沖合でロシア艦隊と幕府・諸藩連合軍が一大海戦を繰り広げた……実録『北海異談』後半の内容である。無論嘘であるが、実録の常としていくらかは事実を伝えているものと受け止められた」と述べられる。

高橋氏はまた同書で、曲亭馬琴が殿村篠斎から『北海異談』を借りて、篠斎あての書簡（天保四年（一八三三）七月十三日付け）の感想を紹介する。

この書は、虚実なかばし候事これ有り候へども、当時の秘説をよくも書きつめ候ものかな。但し、文を飾り候事も多く候得ば悉くは信じがたく候へども、奇書に御座候。

（『天理図書館善本叢書　和書之部　馬琴書翰集　翻刻篇』八木書店）

［現代語訳］

この本は、虚実半ばの内容であるが、当時秘匿されていた事柄をよくぞ書き著した。ただし、事実ではない事柄も多く加え、全てを信じる事はできない。だが奇書である。

江戸の町触れ（『江戸町触集成第十一巻』塙書房）文化五年辰十月

当時無宿講釈師　秀弘

右之者儀、永助ハ兼而世話ニ相成候迚、近来蝦夷地へ異国人渡来之異説を認候書面を、講釈之手続とも可相成と、駿府本通り忠四郎より借請写取、右書面江作意を加へ、重き御役人之儀迄無憚書顕し、永助ニ差遣候故、既同人儀尚又増補致シ、風説等無跡形虚偽を実事と聞候様致度迚、恐多儀とも書綴、北海異談と表題を記し、俵屋五兵衛江売渡候始末ニ相成、不届ニ付遠島。

［現代語訳］

講釈師　秀弘。蝦夷地へロシア人が渡来の事を講釈の種本にしようと、駿府本通り忠四郎から借受けて書写し、作為を加え、高位の役人の実名を挙げて、永助に渡した。永助は更に書き足して、風説等の虚言を実際の事のように書き綴り『北海異談』と題して俵屋五兵衛に売渡した始末は不届につき島流し。

摂州西成郡曾根崎村播磨屋次兵衛借家住吉屋もと代判　南豊事　永助

右之者儀、秀弘より講釈手続ニも珍説いたし候様申差越候書面ハ、異国人渡来之異説を認メ有之、講釈等ニは難致候共ニ付、読本ニ綴候ハヽ、品ニ寄大坂大豆葉町俵屋五兵衛方ニ而貸本ニ可致と申聞候迚、利欲ニ泥ミ、兼而及承候風説等作意を加へ、至而恐多儀又ハ重キ御役人之名前を顕し、無跡形儀を以て対公儀恐入候儀共、実事之様ニ書顕し、合巻十冊ニ編立、北海異談と表題を記し、五兵衛方へ売渡候始末不届至極ニ付、引廻し之上獄門。肥前守様御掛り也

［現代語訳］

南豊事　永助。秀弘から講釈の種本を受取り、ロシア人が渡来の事を講釈には難しいと読本小説にし

て大坂大豆葉町俵屋五兵衛で貸本にした。利欲にまみれ、風説等の虚言を高位の役人の実名を挙げて、実際の事のように書き表し、合巻十冊に仕立て『北海異談』と題して五兵衛に売り渡した始末は不届につき、市中引廻しの上斬首で首を獄門台にさらす。

「肥前守様御掛り」とは判決を下したのが江戸南町奉行根岸肥前守鎮衛《やすもり》で、大坂で逮捕され取調べられた後、江戸でもう一度取調べられたと思われる。鎮衛は大部の随筆『耳嚢《みみぶくろ》』で知られるが、奇談・雑事の集録である。この判決文は、大田南畝の『一話一言』や蜂屋茂橘《もきつ》の『椎の實筆』にも筆録される。『兎園小説』の「瑞竜が女児」も「中山大納言物語」の筆禍事件だが、被告の講談師瑞竜軒が所払い（軽追放）であったのと比べると重罪である。いかに魯西亜との紛争の敗北が幕府に衝撃か表す。

『北海異談』の構成は次のようなもので、全二十巻で三部に分けられる。

【巻一～巻七】寛政四年（一七九二）アダム・ラクスマンが、ロシアに漂流した伊勢の船頭・大黒屋光（幸）太夫らを連れて北海道の根室に来航し、通商を要求したが断られた。

【巻八～巻十】その後、ニコライ・レザノフが仙台からの漂流民であった津太夫らを護送して長崎に来航した。レザノフは寛政五年（一七九三）にラクスマンに交付された信牌を示して通商を要求したが、幕府は拒否する。

【巻十一～巻二十】このような日本側の処置を恨んだロシア側は、文化三年（一八〇六）九月から文化四年五月までの間にサハリン島とイトゥルップ島のアイヌ・日本人を襲撃した。この事件の報告を受けて、幕府は東北奥羽諸藩の兵力を動員することを決め、特に、仙台藩に出兵を懇請する。引き続き、イトゥルップ島や松前沖で南部藩・津軽藩の水軍がロシア海軍に敗戦する。若年寄の堀田摂津守が指揮する奥羽の連合軍が蝦夷地に集結する。文化四年四・五月に数回の海戦が展開され、仙台藩の片倉小十郎をはじめとする武士の活躍によって日本側が勝利する。

各巻の目録は以下の通りになっている。

巻之一　烏魯舎（ヲロシャ）武略勝る事
巻之二　烏魯舎日本を伺ふ事、勢州白子船頭幸太夫漂流の事、国王幸太夫に逢給ふ事
巻之三　烏魯舎井楼之事、国王より日本へ送船之事
巻之四　松前より御届ニ付江戸御評定之事、関府より石川将監下向之事
巻之五　蝦夷開発之事、蝦夷公領になる事
巻之六　幸太夫故郷江帰る事、朝鮮人来朝延引之事、
巻之七　武門繁昌之事、金銀御貯之事
巻之八　烏魯舎人絵図之事、烏魯舎船一艘長崎江至る為の印の事
巻之九　長崎組諸家御固之事
巻之十　大坂御城内武器之事、西国諸侯江御用意之事、神力利現之事
巻之十一　南部津軽より御届之事、箱館奉行御下知之事、附リ江戸江諸家より御届ケ之事

巻之十二　南部侯後度御届ケ之事、エトロウ嶋タヅリ山合戦之事、松前船戦之事、御目代外ケ浜着陣之事并諸家の軍勢陣勢を張る事
巻之十三　浜手勢揃之事
巻之十四　仙台勢敵船を襲ふ事、茂庭周防追討之事并後藤孫兵衛勇猛之事
巻之十五　御目代下知早船之事、本陣にて評定之事
巻之十六　日本勢御手配之事、西蝦夷ニて海陸争戦の事
巻之十七　船手勢まどい給ふ事、敵船江忍びを入る事
巻之十八　水戦手配之事、水戦火攻の事
巻之十九　烏魯舎船銅札を残すの事、日本勢蝦夷を引払ふ事、堀田侯帰府之事
巻之二十　敵味方勝負を計る事、諸侯神文之事、諸将御恩賞之事

終章　不思議な漂着物から不気味な到着者に

『兎園小説』には不思議な話が集められているが、「うつろ舟の蛮女」は、何を反映しているのかわからない。享和三年癸亥常陸国の海岸に漂着物はなぜ。常陸国の海岸には中世からの金色姫伝説があり、江戸時代を通して使用された初級教科書『庭訓往来』と広く使われた代表的な注釈本『庭訓往来抄』がある。『庭訓往来抄』には蚕飼の始として金色姫伝説が詳しく説明される。多くの人が知っている金色姫が、十九世紀初頭に再び現れたのはなぜだろう。『兎園小説』はかわら版が種本のものが多いなか、「かわら版摺物」(船橋市西図書館郷土資料室蔵)の存在が確認され『兎園小説』の種本がまた発見された。しかし享和三年に漂着しても「かわら版摺物」としてはニュース価値があるのだろうか。

船橋市蔵「かわら版摺物」とレザノフの長崎来航時のロシア船図は構図がよく似ている。うつろ舟とロシア船後部は相似、蛮女の服はロシア兵の上着にそっくりである。異国船の後部にあるガラス張りのキャビンはうつろ舟そのものである。「うつろ舟の蛮女」は文化露寇の表象である。享和三年(一八〇三)の常陸国へ金色姫の漂着ではなく、文化四年(一八〇七)蝦夷地択捉島を襲撃した露寇船の到着である。場所と日付を変えて取締りを逃れるかわら版の常套手段によって、今度は常陸国にやって来たぞという風聞である。不思議な漂着物ではなく、不気味な到着者である。

幕府は、初めロシアとの紛争の情報を秘匿していたが、次々往復する早打（早馬）の様子、動員された藩士の江戸屋敷との連絡、出征した藩士たちの家族への手紙、武具の値上りなど江戸市民の動揺に対して「ロシア船は交易のために来た、すでに帰国した」と町触れを出したが収まらず、「風聞禁止令」で抑え込みにかかった。取締りの仕上げが、露寇を題材にした『北海異談』の種本を取集めた講釈師秀弘を島流し、種本を貸本に仕立てあげた講釈師南豊事永助は市中引回しのうえ獄門と町触れした。筆禍で獄門は珍しい。最近の例では同じ講釈師の馬場文耕が、宝暦八年（一七五八）当時審理中の郡上八幡の金森騒動（宝暦年間一揆）を講じて、審議が確定する前に文耕が判決を下して獄門になった。南豊事永助は、板本ではなく書本（写本）にし、内容も幕府軍の勝利に替えて、重い処分をかわそうとしたが、見せしめに最も重い斬首獄門となる。

柳田國男氏「うつぼ舟の話」は「四箇の異形文字が、今では最も明白に此話の駄法螺なることを証明」として「この「うつろ舟」から証明することになるやうなら、是も亦愉快なる一箇の発見と言はねばならぬ」と言う。四つの異形文字は解明の必要があるようだ。四つのうち、上から三番目「○＋○」は錬金術記号「銅サフラン」（ユニコード U+1F423）に完全に一致した。錬金術記号は文字ではなく、動作も表すもので、他の記号はそれぞれ動作を表していると判断できる。四つの異形文字は、金属光沢をもつ黄銅鉱（愚か者の金）を①煆焼（加熱処理）・②洗浄・③乾燥（銅サフラン）させ④砒石と再び煆焼。こうして白色の銅をつくる。最後に水銀と金でメッキすると紛い物の金ができあがる。愚か者の金から紛い物の金をつくる工程を表すものである。これには西欧の知識が欠かせない。十九世紀初頭前後では蘭書からの知識によるもので、この頃は蘭学の普及期にあたる。異形文字は、特に意味のない記号でもよいのだろうが、もっともらしく見せる小道具に使われている。かわら版に蘭学の知識を持つ者が関わっているのだろう。

こうして見ていくと、常陸国の漂着した浜を「常陸原舎り濱」と特定できた（森田健司『かわら版で読み解く江戸の大事件』）から、漂着は事実という説ははなはだ疑問である。森田氏は田中嘉津夫氏の意見を紹介しているだけである。「常陸原舎り濱」の記述のある伴家文書の所有者川上仁一氏は「先祖は参勤交代の警備などにも当たっていた。江戸時代に外国船が入ってきたころの、各地の情報や風聞などを集めた文書の一つではないか」（『常陽藝文』二〇二三年二月号）という。砂浜の広がる「常陸原舎り濱」にあの重量級のうつろ舟が漂着できるとはとても思えない。各地で見つかる享和三年のうつろ舟は不思議な漂着物ではなく、不気味な到着者である文化露寇の表象である。柳田國男氏はＵＦＯを知らなかったからうつろ舟を駄法螺といったというのならば、柳田國男氏は文化露寇を知らなかったからというべきである。

十九世紀初頭、日本の北方領土で勃発した日露紛争は、現代では全く忘れられている。明治維新直後でも、福沢諭吉氏『民情一新』明治十二年刊は「世の人々は唯嘉永年中西人（西洋人）の日本に入たるを以て我一大変動なりとて漫（むやみに）に之に驚くが如くなれど、予は唯其渡来のみを驚く者に非ず」と蝦夷地の乱妨（文化露寇）を示して、ペリー来航前にも西洋人が来ていてことを著した。文化露寇は忘れ去られた事だった。

露寇当時でも、『北海異談』が摘発された大坂で、随筆『浮世の有様』の中で「予が國元などにては、奥州に於て、ヲロシヤと大に合戦有て、大勢打殺し、五七人生捕、此方にても三百餘の打死有てなど、専噂せしが、これ跡形もなき浮説也」との風説が広がっていた。

それにしても、うつろ舟ＵＦＯ説を知ったとき、一九九二年頃の「東日流《つがる》外三郡誌《そとさんぐんし》」事件を思い出した。「東日流外三郡誌」は、青森県の民家の天井裏から発見されたとされる未知の古文書で、地元自治体が歴史資料として一九七六年出版頒布してお墨付きを与えた。その後、発見者の偽造といわれ、「東日流外三郡誌」の真贋に地元の県紙と中央紙のスクープ争いとなる。発見者の死去で収束、地元自治体は合併消滅、近隣の三内丸山遺跡の縄文ブームで忘れ去られた存在となる。うつろ舟ＵＦＯ説は決して偽造事件ではないが、市民の好奇心を背景に地元県紙やテレビ報道の期待が、事実を伝えるのではなくＵＦＯ説を支えている。『戦後最大の偽書事件「東日流外三郡誌」』

付録　『北海異談』と『私残記』ほか

一　北海異談譜（北海異談後半のあらすじ）

「北海異談譜」は、『北海異談』のあらすじで『百萬塔第五巻』中根淑（校）金港堂、明治二十六年刊に収められる。このうち、後半の巻之十一以降に該当する部分を提示する。原文の雰囲気残すため現代語訳とはしなかったが、読み易くするため読点・中点を付し、適宜注記とふりがなを加えた。底本の虫食いによる欠字で、判断できるものは［　］で囲って補い記載した。（一例を挙げると、「陸に仕掛たる大発□□三丁船へ引乗る敵船」は、大口径砲と思われる。山を崩す程の威力なら「発破」で発破砲だが使用例がわからない。日露戦争二百三高地の攻防で日本軍が投入した大口径砲の挿絵に発破砲とあった。「大発□□」は「大発破砲」のことと確定して補うことができた。）

南部侯御届

文化四年四月二十一日御届書、去ル寅年九月上旬西蝦夷《えぞ》カラフト島沖に、黒船二三艘相見《あいみえ》、其後五六艘に相成、又十余艘・二十艘にも成、九月十三日朝僅か二艘に相成、同二十九日の夜九時過、舟橋を掛け上陸 仕《つかまつる》、理不尽に鉄砲打懸《かけ》、番の者一人に、二三人取掛《かかり》手こめに致《いたし》、船中へ連行、其後小屋并武器米蔵共乱妨《らんぼう》、後火を掛、何国《なにくに》ともなく罷越申 候《まかりこしもうしそうろう》、其後折々五艘・三艘づつカラフト沖に相見、其後は相見不申《もうさず》候段、去寅年御届申上候、然 処《しかるところ》当三月上旬頃、又々西国の方へ往来 仕《つかまつり》 候儀、度々有之《これあり》候、

津軽侯御届

去る三月上旬頃、エトロフ沖合に異国船一艘相見、去る九月南部勤番所へ乱妨 仕《つかまつり》 候儀も御座候付、早速手配相談 仕《つかまつり》 候処、御徒《かち》目付松本宗兵衛其儀に及申間敷被申《まじきもうされ》候付、其儘に候処、翌朝夜明頃、中船十六艘湊口間近く乗付上陸 仕《つかまつる》、舟より火箭《や》大筒烈敷《はげしく》押寄、此方素肌防かたく、御徒《かち》目付松本宗兵衛始《はじめ》 私《わたくしの》 家来十三人討死 仕《つかまつる》、番所に御座候武器米等奪取、引取申候船は矢張《やはり》沖合に相見へ候、

将軍早々役人を中奥に御召御評定有之《これあり》、松平伊豆守殿被 仰《おおせられ》候は、彼国より日本を犯には、奥羽之内第一便《たよ》りよし、万一蝦夷を乗取るる時は佐渡之国危し、佐渡を取らるる時は日本腹心の憂（重大な悩み）也、先《さきに》松前志摩守一件早く片付、奥羽の大名に御下知あり、津軽外ケ浜辺の固《かため》・蝦夷松前の固、可然《しかるべき》牧野侯被 仰《おうせられる》、仙台政千代幼年也、幸《さいわい》 堀田摂津守は叔父なれは被仰付発足の支度有《はっそくのしたくありとおうせつけられた》（出立の準備有）、浅姫君を政千代へ可被下 旨《くださるべきむねである》、

松前志摩守此間《このあいだ》 酒井左衛門尉へ御預の処、奥州にて九千石被下《くだされ》、松前 悉《ことごと》く被召上《めしあげられ》、松前城受取とし

て大目付中川飛騨守御使番小菅伊左衛門下向也、七月中旬引渡済、則《すなわち》奥州柳川にて九千石、外《ほか》松前三千石は御預、

御目代堀田摂津守都合惣勢六千余人、大目付中川飛騨守、御目付軍師兼帯遠山左衛門、同金四郎、御使番小菅伊左衛門、同大学、御徒《かち》目付、御小人《こびと》目付、御普請奉行、

右六月十七日より同二十三日迄追々江戸御出立也、石火矢筒は先達て早船にて松前へ御積廻しなり、戸川筑前侯箱館《はこだて》奉行相役《あいやく》羽太芸州侯と入替るへき旨被仰付《おおせつけられる》、奥羽両州の諸侯悉《ことごと》く御暇也、先《さきに》領国へ馳帰り、津軽侯御厩《みんまや》に軍勢を差出し、御目代差図《さしず》次第、其身も出馬可仕《つかまつるべく》旨被仰渡《おおせわたされた》、

江戸より仙台迄九十三里、津軽御厩迄江戸より二百里、

先達て箱館奉行羽太安芸より御下知によつて、南部・津軽・秋田・庄内には先手の人数松前表へ渡海也、

先達てヲロシヤ両度迄エトロフ表、南部津軽陣屋并に公儀の御役所等へ、石火矢并鉄砲を打掛候付、南部の家来上嶋善兵衛・小宮甚五郎勇を振つて、ヲロシヤの戦士十三人迄突伏候へ共、数ケ所疵《きず》を請叶《うけかな》ひかたく指《さし》ちかへ相果てる、

日本勢クツリ山へ引上て日数三十日計《ばかり》こたえたり、

南部津軽七百人計《ばかり》六月十三日到着す、ヲロシヤ此処を引取され共、西エトロフと島との間に船をかけ松前近く押寄ける、夥《おびただしき》敷大船にて長二百間余、幅は七十間計《ばかり》の舟にて、或時は五百石・三百石位の舟二十艘・三十艘も見え、又一艘も見えさる事有、何共心得かたし、

六月二十一日箱館間近《まじか》所迄舟を乗り寄、舟中より石火矢を打掛る、其音大雷よりつよく近辺の者聾に成しものも有、松前城下近辺へも押寄、松前侯の手船天正丸と申す大船一艘・町人持の舟四艘・津軽侯江戸廻米の舟・筑前侯博多へ運《はこぶ》貨船《にぶね》千二百石積を乗取、石火矢を打掛、カラフト島へ引取しなり、

かく理不尽の事度々ゆへ、津軽・南部・佐竹・酒井等の軍勢先手の面々、箱館さして舟を進ける然《しかる》処《ところ》、ヲロシヤ勢カラフト島の陰より二十艘計《ばかり》乗付、其間《あいだ》百町計《ばかり》も有所《ある》より、石火矢を放つ事至て烈《はげ》しかりければ、日本勢松前の湊をさして遁《のが》れ行、此間《このま》に津軽勢ヲロシヤ船の方へ二十四挺立の艫《とも》を押切進けるを見て、南部勢兵船十五艘、櫓を押切て進む、両方の兵船二十四艘、ヲロシヤ船十四丁に乗付、火矢を手強く打立れ共、敵船丈夫にしていたます、日本勢のあくみし色（持て余す）を見て、敵船より種々の火術《かじゅつ》をなし、両家の兵船六七艘打砕かれ、軍勢七百計《ばかり》海底へ沈み、其余は松前さして敗走す、

津軽侯出勢　　　　総勢七百四人
同松前城下詰　　　　百二十人
箱館詰　　　　　　二百二十人
同青森固　　　　　二百三十余人
同西ノ浜三ケ所固　　二百三十人

江戸より御下知、奥羽両国の大小名軍勢手一杯に、津軽三馬屋《みんまや》へ可差出旨《さしだすべくむねである》、御目代下知、可承《うけたまわるべく》旨《むねである》、

第一番津軽越中守六千五百余人、南部大膳大夫は千人、二本松丹羽加賀守六千四百人、同国中村六万

石相馬因幡守四千五百人、同国棚倉小笠原佐渡守六万石四千二百人、同国岩城平五万石安藤対馬守二千五百人、同国三春五万石秋田信濃守三千八百人、同国福島三万石板倉因幡守千六百人、同国一ノ関三万石田村隠岐守二千五百人、同国湯長谷一万五千石内藤雅楽助七百五十人、同国会津二十三万石松平肥後守一万二千余人、同国仙台六十二万石松平政千代二万余人外に都合十万七千余人、羽州米沢十五万石上杉弾正大弼六千五百人、羽州久保田二十万五千八百石佐竹右京大夫八千五百余人、羽州新庄六万八千二百石戸沢能登守二千八百人、羽州上ノ山三万石松平山城守千六百人、羽州本庄二万二十一石六郷兵庫頭千五百人、同高畑二万石織田山城守千二百人、同松山二万二千石酒井石見守千三百人、同山形六万石秋本摂津守三千二百人、同鶴岡十四万石酒井左衛門尉四千人先達て松前城受取にて出勢に付此度半軍役也、同亀田二万石岩城左京亮千二百人、

右奥羽軍勢十余万人、外ケ浜に押出し百五十里間に陣を構《かまえる》、

仙台執権片倉小十郎宗久禄三万石余、預り地八万石にて十二万石の格式白石城主也、外ケ浜に着陣し、此所津軽越中守別家《べつけ》津軽三十郎知行地所也、陣屋番頭岡崎宗司罷《まかり》出主人駿府御加番被仰付《かばんおうせつけられ》、拙者名代罷出候と挨拶す、小十郎仙台の陣屋に入《はいり》井楼《せいろう》（物見櫓）を築《きずく》、遠目鏡にて沖合を見《みる》、夫《それ》より、御目代へ出《いで》て押て申述有けれ共、兎角心元《こころもと》なく思はれければ、陣中に帰りひそかに、茂庭周防・後藤孫兵衛と談じ、七月下旬南風を待けるか、二十八日七時《とき》頃より吹出す漁師共、夥《おびただ》しく呼寄、網をおろさせ其日に出舟の用意をなし、手勢千二百人・茂庭か手勢二百八十人・後藤か手勢三百人、今宵中に毛唐人原《ばら》（蔑称）を生捕《いけど》んと外ケ浜湊口より乗出す、

七月二十八日夜更《よふけ》初めの頃より乗出し、大早の船二十三艘唐太島《からふと》を目当にし、磁石に方向を量り、タツヒ・白神辺迄亥刻《いのこく》乗付、帆をおろして敵船十里か間に迫る、艫《とも》を押切てヲロシヤ船に乗付たり、異船は唐太に船をかけ、属国カムシカツトカに大元帥出勢なれば下知を待居たり、船長二百間・船板厚凡七尺程、小筒の早打は日本に劣るといへり、三人唐太湊へ敵船近く漕寄、時を計るに子の半刻也、ひしひしと異船へ乗込たり、

松前・江差・箱館の軍勢、大筒の音、火の光を見て、御目代味方より半分渡海し、残りは当所を固むべしと下知あり、海上の陣には片倉小十郎大音上け、すはや味方勝たるぞや毛唐人原《ばら》を生捕《いけど》れと下知をなし、ランイトン并去る文化二年七月下旬松前侯の船に海賊したるインキ、タントルを生捕、唐太島へ舟をよせ一手に成《なり》にける、此時船手の勢五万余人御目代の下知にて松前・箱館さして来たりける、御目代の船カラフトの方へ漕行《こぎ》体《てい》也、是を見て諸家の船カラフトの方へ向ふ、早船一艘来て片倉が書を呈《しめ》す、箱館より御下知あるべしとて、使船を返し船を箱館へ乗廻し給ふ、諸家の船箱館さして乗開く、堀田侯箱館に着岸の上御目付軍師以下御役人中と議せられ、御徒目付両人早船にて呼戻さる、此使翌日午《うま》時に唐太島へ乗付下知を伝ふ、仙台勢兵船二十四艘箱館へ来《きた》る、次の日片倉等三人を召され趣意《しゆい》を聞《きく》、今度《このたび》勲功の賞として、御目代より感状を被下《くださる》、茂庭・後藤へも御言葉の御褒美にて、御目代・御検使・御目付連名にて早打を以て江戸表へ言上ある、生捕《いけどられ》し上官三人・下官二十八人箱館奉行へ御預け也、

扨《さて》又堀田侯は大目付・軍師・使番衆并諸家の士《さむらい》大将など評議の上、片倉の詞を用ひられ又御密談の上、公儀の御直衆の心を励《はげま》し給ふ、御目代より諸家へ備立持場被仰渡《おおせわたされた》、

陸地の先鋒第一津軽越中守千人・二番南部大膳大夫一千三百人・第三松平政千代一万人・四番佐竹右京大夫四千五百人・五番酒井左衛門尉千八百人・六番公儀大番頭六百五十人・七番御目付両人大目付八十五人・八番軍師与力御徒目付衆小人目付公儀火術師御使番三百五十人・第九御目付総勢御預り共三千人内騎馬五百騎御直衆也

諸家の加勢付使番共三千人、兵粮奉行箱館より数千石白米にして運送する、

舟手第一番松平政千代軍将片倉小十郎手勢二千余人密《ひそか》にカラフトへ渡る、跡《あと》勢（後陣）共総勢一万人・第二番南部大膳大夫軍将南部修理先勢五百人大早十艘にてタツヒ・白神島合へ人進む跡勢は遠山左衛門総督す人数四千余人兵船八十艘・第三番津軽越中守陣代三千二百人兵船六十五艘・第四佐竹右京大夫軍将四千二百人兵船八十五艘・第五酒井左衛門尉陣代三千五百人関船六十四艘・第六上杉弾正大弼《すけ》軍将三千五百人関船・第七公儀御手弓はなし千八百人関船二十八艘、

船手総軍勢三万余人、陸地総軍勢二万五千二十人、船五百八十四艘、

松前・江指《ママ》（差）の固《かため》は丹羽加賀守の陣代六千四百人・其外南部津軽の勢・公儀御役人衆付添両固、箱館の固は上杉弾正大弼《すけ》軍将三千六百人・外《ほか》奉行羽太戸田御組御旗本衆并南部津軽当所詰の銘々等各厳重に相守ける、其余奥羽の勢は津軽外ケ浜并津々浦々御固被仰付《おおせつけられる》、

文化四年丁卯八月上旬、陸地の軍勢二万六千人西蝦夷さして進発し、タツヒ・シラカミの陸地をさして引続きたり、敵船はアタンの沖合に船を掛る、

日本勢はアタンの浜手に備を立る、

敵船より百丁の石火矢三放すれ共、軍師遠山の計《はからい》にて人は一人も損せず、前通りの陣幕陣屋に火燃つき騒動す、
ヲロシヤ船より火砲を放ち掛る、敵は二十四艘の軍船を漕《こぎ》て出《いで》ける、
堀田殿陣より石火矢五挺打掛たり、敵船二艘に火移る、され共大船の内より例の入子船八艘くり出し、是より様々火矢を打出す、
日本船よりも様々火術をなす、敵の大船より百丁の大石火矢放《はなつ》事度々《たびたび》也、日もはや西に入ける時、片倉大早の関船二十艘篝《かがり》を焚《もや》す、矢を射る如く乗来《きた》る、
白神の海上より是を見て、南部の軍将大早十艘にて乗来る、南部も兵船を乗つけ鉄砲を打掛る頻りなり、早八月八日の夜も明たれば、日本の大船五百艘ばかり箱館松前の湊口より船を乗出す、ヲロシヤあきれて大船の内へ戦船《いくさぶね》を乗入れんとす、片倉南部きびしく鉄砲を打掛る、敵船よりも火矢を射掛事甚《はなはだし》く、片倉が船三艘・南部船一艘焼《やか》れ、南部家の勢百二三十人損ず、此間に敵船多く元船の内へ乗入たり、後《おく》れたる敵船一艘有けるを、南部家の今西喜三太といふ兵、疾風の如く乗付鍵縄を打掛飛込、三尺八寸の永正助定（刀銘）にてなぎ廻り、軍将サントルを生捕《いけどり》、入江善八彼が弟敵将カマントル討取《うちとり》、かかる折から公儀御手船一艘、高岡・植松・畑など頭役へ内意を云置《いいおき》、先達《せんだつ》てより密《ひそか》に湊を離れ、中途迄漕出《こぎいで》待処に、八月七日の朝より戦《いくさ》始れば艫《とも》を押切て押せけるに、翌八日午天《ごてん》（正午）頃敵間近く乗付て、切てまわる上官にや一騎当千と働く同心三人討取《うちとる》、一人の上官船やぐらに上り半弓にて公儀衆四人討留たり、関船に残りたる同心平岡佐兵衛十匁の鉄砲を以て討取、今一人の上官は与力植松弥三郎討取、

此舟を公儀衆の手へ乗取る、和軍追々に乗付る、陸には御目代軍師諸家の陣代軍威を示さる、船手の諸軍勢相図《あいず》を見て押来れは戦《いくさ》真最中なり、其《その》物音天地震動す、其《その》中にも片倉敵船近く喰《くらい》付たり、南部の舟同しく進む、公儀御船手衆敵船一艘乗取、味方も船を焼れ火砲に殺さるる者少なからず、御目代飛船《ひせん》（高速船）にて下知し給ふ、諸家の軍勢余り敵船近く乗付る事なかれ、敵の矢先を除《よけ》て火砲を以て打程《さだ》むへしとなりされ共、諸勢別《わけ》て死生不知の奥州勢弥勇《いやいさ》み進んたり、此内に仙台の跡《あと》勢八千計《ばか》り・南部の跡《あと》勢・津軽佐竹の船手勢・上杉勢追々乗寄、海上軍勢満々たり、敵船此時軍船を悉《ことごと》く本船へ乗入れ少しも動かず、此二艘大船海上に山を築《きずく》に異ならす、四方の狭間をひらきて鉄砲を打出し、船櫓《やぐら》より半弓を以《もつ》て射《い》て落す、御目代下知有《あり》船を灘近く寄べきなりと、爰《ここ》に一艘の中船二大船の間を時々往来す、是を見て乗付んとすれは火矢を打事頻《しきり》なり無念ながら、御下知に随ひ灘近くこぎ開き対陣する事五日に及ぶ、此時軍師遠山御目付へ相談有て、陸に仕掛たる大発［破砲］三丁船へ引乗る敵船、櫓より見て何かは知らす船櫓始《はじめ》船の上を［様］々の物にて囲《かこい》をする体なり、三艘の砲船一度に火を指《さし》たり、千百の雷《いかづち》一度に落る体なれども玉はちり飛《とび》て少も動かず泰然たり、流石《さすが》の遠山もあきれられ、諸手の舟を早々押退らる、是八月十五日の事なり、其夜御目代の御本陣へ諸家の軍将且《かつ》公儀の御目付御番衆総て御役人中を召れ、敵船兎角に動ずして物を待体あり跡より数百艘の大船を進めんとするも計《はか》りがたし、銘々存寄《ぞんじよせ》遠慮なく申聞《きかさ》れよ、遠山申さるるは何卒《なにとぞ》一両人忍びに馴《なれ》しもの、其上水練《すいれん》に妙を得たる者を撰《えらび》、敵船へ忍び入らしめて火を掛るにあらされは中々叶《かのう》まし、諸手の内に此術をなす人あらは天下の御忠節此上なかるべし、此時松平阿波守殿より御見舞船六艘北海へ乗廻し漸頃日《ようやくけいじつ》（先日）着岸したり、船大将阿波の国泊りの城主森甚五兵衛進み出、拙者に仰付られ下さるべし、私組の水主《かこ》共に申付一方便仕見度《みたくつかまつり》候となり、遠山さらは其元《そこもと》の心に任すべしとなり、甚五兵衛陣（陣）に帰り水主組の内《うち》木村藤蔵・今泉吉之助進み出、某《それがし》相務候はんと申す、甚五兵衛忍び入謀《いるくわだて》はかようかようと下知しける、明《あけ》れば八月十六日の夜、一艘の小船に乗り十丁計《ばかり》ならんと思ふ所にて船を乗捨《のりすて》水中へ飛込たり、敵船へ飛入とひとしく防きければ両人犬死せんよりはと海へ飛入帰りぬ、遠山殿是《これ》をさとりて御目代へ談ぜられ、森が方へ使《つかい》を立らる、甚五兵衛畏《かしこま》り候とて直《じか》に乗出す、森の船へ着て元の御陣へ帰りぬ、森は両人を召れ、御目代の御本陣へ委細を申上る、御挨拶ありて御内談の上、明日は諸手一同総攻と被仰出《おおせいでられた》、船手鉄砲数並筒三千九百二十丁・大筒二百十九丁南部津軽へ玉薬二千斤被下置《くだしおかれる》、

文化四年卯八月十九日暁、諸家一同船を進む、御目代の御用船一艘火砲にて打砕かれ、八十人計《ばかり》死にたり、片倉が船一艘打砕かる、凡《およそ》四千丁計の筒数玉薬を惜しまず雷《いかずち》より烈しく打掛る、爰《ここ》に、大船の間を往来する五百石位の中船一艘、佐竹の火砲にて燃上る、暫く有て、二艘の大船一時に石火矢を打、三里計り沖中へ並たり仙台南部の先手船、はじかれ破船せしもあり、佐竹一艘・庄内二艘砕けたり、敵船は見る内に遥の沖合へ逃たり、御目代の本船にて揚貝《あげがい》（引揚げの合図）を吹《ふか》れ、鉦をならし給ふ、諸家悉《ことごと》く纏《まとい》ひける勝鬨《かちどき》を作り、一統に船歌を謡ふて元の灘に寄ける、

御目代陸陣にいたり給ひ、南部津軽の陣代を召れ、ヲロシヤ遠く退《しりぞけ》しと見へ若《もし》エトロフへ狼藉難計尤《もつともあだをはかる》、先手より追々彼の地へ人指《さし》送るといへ共、猶両家鉄砲の者三百人計《ばかり》騎馬四十騎程度後詰として差出申可《もうすべき》旨被仰付《おおせつけられ》、且亦御検使の計《はから》ひにて、諸手討死破船御吟味の処、仙台の手にて破船四艘

人数二百人・南部手にて船一艘人数四十五人・津軽手にて人数十三人・秋田手にて船一艘人数六十人・庄内手にて船二艘人数八十二人・公儀御船一艘人数七十二人なり、

此度船戦の趣、委敷《くわしく》御記《おんしる》し有、諸家よりも指出《さしだし》書を取り、早打《はやうち》を以《もつて》江戸表へ御注進有、其上諸向御調の上にて、諸家の軍将を召出され、剛臆《ごうおく》働《はたらき》場《ば》等の御賞罰（罰）有、佐竹の士大将真壁掃部介被召出《めしいでられ》御褒詞《おんほめことば》あり、

エトロフ表其外奥蝦夷地の儀、心許なく思し召けん、御徒《かち》目付一人・御小人《こびと》目付奥蝦夷地見届として差遣《さしつかわ》さる、其余は先諸手とも松前箱館迄引取べしと仰出さる、御目代役人中　初《はじめの》　南部津軽、陸の人数三分程は奥蝦夷の虚実知るる迄是に扣《ひか》ゆべしとなり、

ヲロシヤは船を乗りひらき八月下旬に至て、エトロフの沖合に船を掛けるが次第にエトロフさして乗付る体なり、エトロフ御役所并南部津軽陣中には千四百人程なれば賊船を見るや否《いなや》陳（陣）勢を張《はり》、大筒を構へしなり、賊船櫓より大火砲を打出す、御陣屋を打砕余程の手負死人有　以外騒敷《もつてのほかさわがしき》処、戦船《いくさふね》を一時《いつとき》に三十四艘繰出し火砲を打掛、つかつかと船橋を掛ける、日本勢クスリ山の要害へつぼみ（まとまる）鉄砲を配る、ヲロシヤ上陸の軍勢二千人計《ばかり》役所陣屋を放火し米穀雑具を奪ひ取《とる》、日本人クスリ山より打立火を消たりしに、其所に日本流の文字にて銅札を建置ぬ、

「年々精米三十万俵宛為　貢《みつぎをなす》御献納者訴　之於《ごけんのうしやこれをうつたえるなし》　無其儀者後来《あとのものみとむ》◯て（六升を一俵とす）」

右写早打を以《もつて》御目代迄申達す、エトロフの番所より遠目鏡を以《もつて》見るに、其翌日大船二艘共跡形なく去る又早打にて申送る、五日過て南部津軽の跡《あと》勢追々到着す、日本諸家の軍勢箱館迄引取所《ところ》、九月中

旬に至りタツヒ・シラカミの御陣中迄エトロフ御役所よりヲロシヤ狼藉銅札を建置候旨申越《もうしこす》、其翌日敵船引方《ひきかた》見へさる段申越委細江戸へ被仰立《おおせたてられる》、其後堀田中川遠山御目付中御使番衆九月十八日当所を引払悉《ことごと》く箱館迄引取、此地渡海諸家の軍勢御暇《おひま》給はり九月中相引、且津軽外ケ浜御軍勢同じく引取ぬ、然《しか》る処、奥蝦夷地深山七太夫方より御目代御用人衆迄申上る、ヲロシヤ人一人来て日本言葉にて申聞《きかせ》候、今度当所迄来る《きたる》事強《あなが》ち争戦の為にあらず云々、此義を聞《きかせ》ん為《た》め来《きた》る四月に来《きた》るべし、若《も》し相用ひずんば傾国の大軍を起し、忽《たちま》ち踏砕き粉《こ》となさんと申置よし申し越たり、早打を以《もつて》江戸表へ仰遣《つかわ》さる、津軽侯よりも同様御届有、是は退口《のきぐち》に四五人残り家来迄申聞《きかせ》候、左（次のように）候へは何時可参哉《いつでもまいるべきや》難計《ばかり》候御伺申上候而也、堀田殿には箱館溜詰御方迄日々の御登城にて中奥《なかおく》御居間にて御評議有、伊豆守殿被仰《おおせられ》候は敵再来《さいらい》候はは、佐渡の固を松平加賀守へ仰付られ、蝦夷地は敵に与へて陸に陣を取らしめ却て此方より押御引取被成《なられ》、江戸の御下知を待給ふ、羽太には戸川と交代帰府なり、江戸御城中には老若寄取挫《くじ》くべし将軍快然の御有様也、堀田殿方へ御役人帰府可有《あるべく》と仰遣《おおせつかわ》さる、津軽へは敵再《ふたたび》来る共、手［間取］の恐有之《これある》由被仰遣《おおせつかはされ》、

文化四年卯十月上旬江戸より御下知状到来、箱館陣屋に於て御目代以下拝見有引払致帰府、其地固めは南部津軽家来共へ可被申付《もうしつけられるべく》となり、片倉手《て》へ生捕《とられ》し上官一人、外に下官悉《ことごと》く追払はれ、外四人は江戸表へ送らる、其余御船手衆迄尽《ことごと》く御引上なり、大筒数十丁の内百目以下の筒二十丁・石火矢十丁松前箱館江差等に残し、其余は津軽三馬屋《みんまや》迄御引取なり、斥候高櫓《たかやぐら》二ケ所築かる無程《ほどなく》津軽へ御渡《おわたり》暫《しばし》青森に逗留、外役人中早々出立、江戸より御隠密の御封状来《きた》る、堀田侯遠山両人小勢にて津軽南部領御

順見有、南部津軽両侯神文（起請文）御取被成《とられ》、南部へ米二万俵・津軽へ米一万四千俵被下置《くだされおき》共、其外勲功の輩《ともがら》へは追て御沙汰可有《あるべく》となり、家来中へも恩賜を分ち、此度費《つい》えし村々へも高（石高）に割《わり》金子賜はる、戦死の家は格別に御取立有、

此度西蝦夷水戦の様子［予］《あらかじめ》備《そなえ》有て抜目なしといへ共、只《ただ》備を堅固にすると戦船の手強《てごわい》事は城郭より堅固なりしとばかりなり、彼国の火薬を日本人聞怖《ききおじ》をしたれ共、丁間百丁を打《うつ》といふ計《ばかり》にて、外にはさして替りしこともなし、却て鉄砲の早込をまくり打なんとは甚《はなはだ》遅し、又船中にて仙台南部の侍と戦ふたりし手並を見るに、日本の突き刀法には中々叶《かな》はす、殊に切もの（刃物）甚《はなはだ》にぶし、再び来《く》る共《とも》、陸地へ引上置すくりたる勇卒（勇ましい兵士）を出し、諸家の軍術を以《もって》挫《くじ》かんにはさのみ恐るべき事にあらず、

近来対州（対馬）より何か御内意申上たる事共あり、紅毛《オランダ》のカピタン言上の事ともあれば当十一月下旬御内評あり、其後ほどなく不時（臨時）に総出仕被仰付《おおせつけられ》諸侯方其席において御人払にて仰渡され神文（起請文）有、

若《もし》事あらは九州の地には二十万の英卒（優れた兵士）を卒し（指揮し）、異国の百万騎は防くべし、異国勢百万に過ず我国又七八十万は有べし域［内］何そ三五輩の良将なからんや（「三五の輩《ともがら》」は、「三三五五」からあちこちに散らばっている仲間）、

此度諸家の諸士に至迄《いたるまで》忠義の心は同じとはいへ共《ども》、持場等に仍《よっ》て功不功は有《あり》し、中にも仙台片倉が功を第一とす・後藤是に次、南部今西入江・佐竹真壁崎山組与力植松高岡畑・同心関福田大功ありしな

り、仍之《これによつて》大判百両片倉同五十両・後藤同五十両、今西同三十両・入江同五十両・真壁御船手与力三人へ三十両つつ・同心二人へ二十両つつ、堀田へ黄金三百両・遠山へ百両・中川へ百両・其外御目見以上へ黄金五十両つつ、

仙台の手へ生捕《いけどられ》しランイトン、イレキ、タントル三人、南部へ生捕《いけどられ》しタサントル、四人は江戸へ引登られしが、中途より引返され南部・津軽へ引分け御預けなり、下官数十人は箱館奉行へ御預けなり、

二　エトロフで捕虜となった砲術師の手記『私残記』抄

一時期、松前藩から幕府直轄となった北方領土のエトロフ島に警備派遣された南部藩の火業師（砲術師）大村治五平（派遣時五十六歳当時としては老齢）が、私《ひそ》かに書き残した記録が『私残記』である。前段の『北海異談』は露寇に取材した架空戦記であるが、『私残記』は実際にエトロフ島で露寇に遭遇した治五平が、子孫のために残した手記である。公表されたのは、戦時中の昭和十八年（一九四三）大和書店刊で森荘已池氏の現代語・解説・翻刻による。中公文庫で復刊（一九七七）されたが現在は絶版。治五平はロシア人に捕らえられ、ロシア人の帰国の際に解放された。ロシアの捕虜になったことは、知られていないので、エトロフ島でのロシアの海賊行為への対応の悪さは、「ロシアに大砲を一発も撃たず逃亡した砲術師」の責任だと、死んだと思われた治五平に罪を着せ、口裏を合せた。治五平は『私残記』の中でも、藩の取調べに対し懸命に弁明をしている。弁明が認められたのか、上役の千葉祐右衛門

と種市茂七郎は家禄家屋敷が没収となったが、治五平は北監物の知行地に永い預り、大村家当主の孫良八は三日の謹慎の処分となった。

著者の森荘已池氏は直木賞受賞者で、森氏の現代語訳（現代仮名遣いの中公文庫版を参照）を次に示す。森氏の直木賞受賞作品「蛾と笹舟」・「山畠」は川口則弘編『消えた受賞作　直木賞編』で読むことができる。

文化三年九年十一日、唐太プシュンコタンへロシア人の船がやって来た。

十二日、ロシア人の船から二十人ばかり伝馬船に乗り、漁場目ざして上陸した。

番人どもは、水でもとりに来たのか、又は米でも尽きて貰いに来たのかもしれないと考えた。もしそうだったら、米の少しぐらいはやってもいいと、軽く考えていたのである。ところが、ロシア人どもは武装して、めいめいに鉄砲を持っておった。ズカズカと番屋に入りこむと、四人いた番人を、二十余人でとりかこんだ。とり押えようとしたので、酉蔵という者は、ロシア人二人を見事にとって投げたが、多勢に無勢、ついにかなわず、捕えられてしまったのである。

富五郎、福松も捕まり、源七は床の下にもぐりこんでかくれた。けれども、犬がワンワン騒ぎ立てて、とてもかくれておれない、仕方なく出て来るところを、これも捕われの身となった。四人は縄でしばられた。

米はもちろんのこと、いろいろの品や道具まで、残らず奪いとり、番屋小屋の板蔵にまで火をか

けて焼き払い、翌十三日出帆した。船はカミシャツカへ直航し、四人のものはその年はカミシャツカに越年した。（中略）

我がエトロフ島では、その年も暮れ、めでたく春を迎えた。（中略）

（文化四年四月）二十八日朝八時に、御会所から千葉祐右衛門へ申し伝えて来たところによると。大村治五平を同道して、早速出頭するように、ということだそうである。自分は、祐右衛門のところに立ち寄った。すると、祐右衛門は、次のようにいったのである。

「われわれが御会所に出頭したら、きっと、こんどの御備え方の相談があるにきまっている。もしそうであったなら、貴公が申し上げるだけで、重役たる拙者が、何も発言せず、はかりごとのひとつも申し上げなかったら、御国もとへの外聞も、はなはだよくない。だによって、はかりごとの二つ三つを、拙者に聞かせてくれまいか。それを拙者の発案のようにして申し上げたい。」と、こういう話なので、自分は、

「私としても、よいはかりごととて、心づいたところもありませんが、しかしながら、愚案が湧いて来ましたら、お話のとおりいたすでござろう。」

と、答えたが、何という愚痴至極の話ではないか。

そこで、直ちに御会所へ出頭した。御下役関谷茂八郎殿、戸田又太夫殿の御両人がわれわれと面会した。われわれにいうには、

「こんどの本陣にする、なかなかよい場所がある。会所の上、神明堂の上の野原を刈り払ったと

ころを、本陣といたしたい。津軽家にも申し渡したから、おっつけ参るであろう。津軽家からも人が参ったなら、おしらせ申すから、みな同道してその場所を検分いたしたい。」

会所からさがって、ほどなくしらせが来たので、みな同道で、その場所へ行って見た。ところが、そこは笹原で、ナヨカの方へ一里ほど、海岸の方へ十町ばかりの、広茫たる笹原なのである。自分は、おやおやと思った。こんなところを本陣にして、いったいどうするつもりであろうか。自分には、会所の御役人の考えは不可解であった。自分は、このひろびろとした野原を見て申し上げたのである。

「ここは至極けっこうなところでございますが、広野で、武者だまりになるようなところもありませぬから、前の方へばかりも、土手を築かせられたら、然るべしと存じます。恐れながら、愚案にございますが、申し上げます。」

けれども、誰も、一言も、これに対して感想をいわなかった。それっきりで、帰ったのである。検分から帰って少ししたら、祐右衛門から、一寸参ってくれといって使いの者が来た。自分は早速、祐右衛門のところへ行った。

彼は、いうのである。

「拙者、国もとを出発の際、小四郎から、兜の忍《しのび》の緒の結び方をきいて来ようと思ったが、何や彼やと取り込んで、聞かないで来てしまった。何卒教えて下されたい。よろいの着方も、ついでのことに教えて下されたい。」

自分は、そこで答えた。

「兜の忍の緒の結びかたは、拙者どもの方では、重大な秘伝でござる。しかしながら、このようなとき、重い軽いなどといってはおられないでござろうから、御伝授申そうと存ずる。御重役の貴公様が、これを御存じないなどということは、御国の恥辱とも相なることでござる。御伝授申しましょうぞ。」

といって、兜の忍の緒の結び方を伝授した。そのうちも、御会所からは、たびたび使の者が、早早出頭するようにと申して来た。（中略）

さて、祐右衛門に忍の緒を教えたことなど、口外いたすことは、自分の本意ではない。けれども、武芸は、一カ条習っても、師の恩である。我が身の恥を晴らさんと、祐右衛門は、箱館へも、盛岡へも、ありとあらゆることを、さまざまに報告した。彼は、乱最中には山中へ逃げ入り、さてその次には医師高田立察、長刀かついで山へ逃れた。このとき、自分は御本陣へ二百目鉄砲をさがしに行って、この目で彼らの逃げる姿を見たのである。あとから、関谷茂八郎、久保田見達老も逃げた。自分は、千葉（祐右衛門）、高田の逃げたのを覚えていても、人には話さなかった。それを、この二人の者は、我が身のことをば包みかくして、治五平のことばかり、じつに悪くいったそうである。そんなこともあるので、ここに、兜の忍び緒のことは、書きあらわすのであった。

箱館でも、盛岡でも、自分のきいた話は、次のようであった。

即ち、事件のあったとき、治五平に大砲をうてと命令したが、治五平は、大砲をうたず、逐電してしまった。オロシャ人から、治五平を奪いとって、うち殺さなくてはならない――と。

また、いうには、大砲うちの治五平が逐電したので、なんともならなかった。防ぎようもないので、みなみなシャナを引きしりぞいたのである。自分が真相をきいたところによると、逃げかくれて、あとからのこのこ出て来た者どもが、罪を全部自分に押しかぶせるように申し合せて、このようなことにして報告したものということである。このようなことは、自分が江戸へ行く前にきいたのである。

みなみなは、オロシャ人が退去したあとで、五月五日ごろ、山の奥などから、ぽつりぽつり出て来て集った、そして、みんなで相談して、種種様様に虚構のことをでっち上げて、報告したというのである。箱館の「揚り屋（牢屋）」に拘留されているとき、御公儀から番に来ていた人たちも、自分に話してきかせたのである。

「貴様の、オロシャ船に乗っていることは、知らなかったのであろうし、五月七日ごろまでも一向貴様の姿が見えなかったので、山中へ入って首をつったか、海川に入って投身自殺したか、ともかく死んだにちがいないと思って、いろいろのことを申し立てておったぞ。第一は、みなみな鎧兜で身をかため、五月二日昼過ぎまで、御会所で防備しておった。治五平がいなくても、一貫七百目の大砲をうった。といっていた。また関谷茂八郎殿は百目の鉄砲をうち、オロシャ人二人をうち殺した。ともいっていた。宮川忠作がオロシャ人を一人うち取った。ともいっていた。オロシャ人の首を二つ取り、塩づけにして、箱入れいたして置いた。ともいった。オロシャ人の衣類も取ったから、これも箱館へ送るであろう。などと申した。」

自分は、これをきいて呆然とした。たったひとつも、真実のことはない。（中略）

自分、治五平は、たしかに逃げたに相違ない。

手傷を得たし、どうにも仕方なく、犬死するよりはと臆病風にさそわれ、暮方に立ちのいた。それまでは、御陣屋で負傷の手当をしていたのである。この負傷について、盛岡では、御目付西葛市右衛門は、

「にせ傷だろう。わざとつけたものだろう。」

といった。（中略）

（文化四年四月）二十九日の朝九時、シャナの北方、ナヨカの先の遙か沖合に、船が二艘見えるということであった。（中略）

船は、だんだん近づいた。

よくよく見れば、日本船ではない、ということで、みな支度にとりかかった。

御会所から、治五平に命令があった。

「きのう検分した野原が、御本陣になったから、世話係になって、早速刈り払わせるように。」

ところが、壮丁や漁師どもまで、みな御同心なみの装束になって、ハッピを着て陣笠をかぶり、めいめい鉄砲を持っているのである。そこで自分は、そのことを申し上げた。すると、稼ぐ者たちは、どんな装束でもかまわない、と申しつけて刈らせよという命令である。（中略）

異国船は、シャナの沖三十町ところへ近づいた。船からは、皮舟を降ろし、シャナの港の内を見廻し、あとから伝馬舟が三艘降ろされて、やっぱり港の内をぐるぐる漕ぎ廻って、観測するようすであった。

御会所では、御玄関先に、みな詰めておったが、関谷殿がいうには、

「あの船は、オロシャ国から、願いの筋があって、やって来たと見える。船をどこへつけてよいかわからないので、見合わせていると見える。誰か海岸へ参って、長い旗の先に白いものをつけて打ちふって見せたら、それを見て、必ずやそこへ寄るでござろう。こっちらから鉄砲をうちかけることは。必ず必ず無用である。異国船というものは、かの国の礼法で、陸地へあがるときは、鉄砲を三発うつことが定法である。」

陽助に、誰か付き添わせてやるがよいとのことで、御同心両人に鉄砲を持たせ、ほかに人足に旗を持たせてやったのである。

そのあとから、忠作へ御同心両人つけ、鉄砲を持たせて、百間ほどへだてて、つかわした。（中略）

さて、忠作のあとから、同じように百間ほどへだてて、忠平に御同心両人を添え、鉄砲を持たせた。（中略）いちばん先に立って行った陽助は、南部様の御陣屋の前、ちょっと先の海岸へ出た。陽助は、そこで、旗の先に白木綿をむすびつけてふり廻した。するとオロシャ舟から、鉄砲を三、四発うった。だから、こっちから行った者も一発鉄砲をうった。そのためか、舟はまた少し沖の方

へ出て、岸へ近寄らなかった。やむを得ず、陽助、忠作、忠平、みな御会所に立ちもどったのである。（中略）

異国人は上陸せず、使に出した者は、みなもどって来たので、忠作に、

「何故、こっちから鉄砲をうったか。」

と、お尋ねがあった。忠作は、

「舟から、こっちへ筒先を向けてうちましたから、こっちからも、うちましてございます。」

と、答えた。

異国船は、川向の方へ、だんだん近寄って来た。異国船の寄ったところに、またまた陽助が出て行って、様子をさぐるように、と命令されたが、こんどは陽助も行きかねていた。そのうちに、船は近づいたので、何をぐずぐずいたす、早く参れと命令され、仕方なく、陽助は出て行った。そこでまた、前のように忠作、忠平に御同心を付き添わせて、あとから出してやった。またも赤人舟から鉄砲を三発うって来た。

このとき、間宮林蔵という人が（原註：この人は、地理を考察するために来ていた人である）走って来て、みんなにいってきかせるには、

「いま赤人舟で、鉄砲を三発うったのは、これは西洋の礼法でござる。たとえていれば、日本では、他人の屋敷に参れば、必ず刀を取って置くのと同じでござる。間もなく上陸いたすでござろう。」

などと、物知り顔に、みんなに申しきかせているうちに、赤人（ロシア人）どもは、海岸へ上陸しようと、岸についてしまったのである。その近所へ、陽助がのこのこ近づいて行くと、舟の中から、どんどんと鉄砲を発射した。陽助は、たちまち内股をうちぬかれて、ぱったりと倒れ、付き添いの者どもが肩にかけて、ころぶようにして、やっとのことで逃げもどったのである。

赤人どもは、ただちに上陸した。

大砲を車に乗せて陸にあげ、二十三、四人上陸した一隊は、大砲と鉄砲を、すきもなくうちかけて来た。

こっちでは、関谷殿や林蔵などのいうことをきいて、油断していたのである。聞くと見るとは大ちがいで、大狼狽とはなったのである。

関谷殿、林蔵がむだ言をいわなかったら、赤人が港の内を漕ぎ歩いているうちに、油断せず、鉄砲をうちかけて防戦し、陸にあげなかったであろう。そうすれば、あとはどうなったにせよ、二十九日の乱妨は、やらせないですんだにちがいない。

さて、迎えに行った者どもは、みな逃げもどった。御会所から、弁天の前へ駈け上って見たところ、赤人どもは、鉄砲の筒先を揃え、こっちへうちかけた。こっちでも、弁天の前後から応射したが、鉄砲をうっている者は、二、三人しかない。どうにもしようがない。

赤人どもは、みな十匁玉以上と見え、銃声もきびしくきこえ、その上、向いの小屋小屋を小楯にとって大砲を発射した。このとき治五平は、御会所の二百目玉の鉄砲をうつことに気がついた。そこで急いで御会所へもどり、御玄関を見たが、ない。どこへ行ったかと尋ねたところ、御本陣に行っているとの答えに、直ちに御本陣へ駈け上り、さがしたが、どこへ置いたか見えない。仕方がなく、御玄関へ駈けもどり、十匁鉄砲を持って来た。こっちは小楯にとるところもなく、いたって不要害である。（中略）

このとき、壮丁漁夫の者どもは、鉄砲をかついで、みな山中に逃げこんだ。壮丁漁夫どもだけでなく、たいていの者は、このとき姿を消してしまったのである。赤人どもは、家や小屋に火を放ち、又舟に乗って、舟から陸へ鉄砲をうった。

こっちからは、忠作、忠平、大工清之助三人が、南部様の御陣屋の上の野原から、鉄砲をうった。治五平も、御陣屋の上から十匁の鉄砲を四発うった。ところが玉入の底が破れて玉がない。そこで治五平は、玉をとりに詰め場所へ行こうと、坂をくだった。

赤人のうった一弾が飛び来って、右足の甲にあたった。かすり傷であったが、筋がひきつって、歩かれない。自分は居間に入って、傷の手当などをして、そこにしばらくおった。そのうち、いろいろと愚かにも考えをめぐらしたが、鈍才の自分ゆえ、よい思案も浮かばない。

しかしながら、主人の御馬先か、又は大将の軍配先ならば、先陣も討死もするであろうが、誰も見とどける人とてもなく、犬死するよりは、ひと先ずここを引き退いた方がよいと思いさだめ、かつまた、かすり傷ではあるが手傷も負った、所詮、踏みとどまっても、仕方のないことと思ったので、夕方になってから、ここを退いた。

その夜は、川上の石舟のあるところにとまった。御会所から石舟まで、五町ほどの距離である。

赤人の伝馬舟は、夕方には元船にもどった。御会所から逃げた人たちは、暮方に御会所に集った。

異国船からは、夜どおし絶え間なく大砲をうちかけて来た。

その夜治五平は川上にいた。異国船からうつ大砲の砲声をきくのに、轟音はするけれども、玉の落下するとき、一向力がなかった。そこで自分は、実弾ではないだろうと思った。

さて、御会所の人たちは、よるに乗じて、だんだん引き取るようにきこえた。

その夜があければ五月一日。

夜あけとともに、赤人どもは、ナヨカの方から上陸した。大砲は車に乗せ、三挺をもって、御本陣に刈り払ったところへ押しよせ、御会所の上から、大砲鉄砲を雨霰とうちかけた。御会所に残っていた人たちも、取る物も取りあえず、上を下へと騒動し、シャナの奥山、ザグベツという方へ逃げ走った。女、子供などは、わあわあと泣き叫んだ。

朝八時過ぎには、赤人どもは御会所をとりまいて、

「ウラア、ウラア（万歳、万歳）……」

と、ときの声をあげた。

このときは、すでに御会所には、誰一人残っていなかったので、御会所へ乱入する様子であった。板蔵などの戸前を破壊する音がきこえて来たのである。赤人どもは、武器は、もちろん、衣類、道具、米、大豆、醬油、酒、などの類まで、赤人船へ運んだ。御会所から、南部様へ御渡しの新造船

二艘が、これらの品の運搬に使われた。（中略）

治五平は、一日の朝早く、川を越えて向いの山へ登り、御会所の様子を見降ろしたいと思い、川を見たところ、川には海から汐がさして、水嵩も増しており、越えられそうもなかった。それに、足の傷が痛んだ。

手段もないので、一日は川岸の洞穴の中にいたのである。二日の朝早く、川向いの山へ行こうと思った。

あいかわらず、水は高いので、橋を渡って行こうと思ったのである。

川下の方へ行くと、橋際で、一人の赤人と、ばったり出遭った。脇差を抜くと自分は、

「日本！」

と、さけんで、うちかかった。そのうしろから、六人の赤人が鉄砲を持ってやって来ていたのである。治五平も大刀を抜いてうちかかった。

運の尽きだったろうか。

坂の胴木へ、痛い方の足をふみくじき、右手を敷いてうつぶせに、どっと倒れたのである。そこへ赤人どもが、どさどさと折り重なり、ついに捕われてしまったのである。残念この上ないが、手段がなかった。自分は御会所の土手の上へ連れて行かれた。

道のかたわらに、米俵があった。また小箱の類、木綿合羽、小道具、新しい草鞋、蝋燭箱、いろいろさまざまの品が捨ててあった。逃げるとき取り落したものであろう。鉄砲が六挺、道のかたわ

らに、同様に捨ててあったのを見つけた。どんなにうろたえたか、知れないのである。（中略）

文化五年五月六日、大ケ生石見殿宅で、御目付毛馬内庄助、西葛市右衛門、御町奉行島川英左衛門、右の人数で、おたずねになるには、

「先日そこもとがさしあげた御答書は、とりかざったところばかりで、あれではあいならぬ。ありていに申し上げられたい。」

とのおおせである。治五平申し上げるには、

「私に於きましては、いつわりを、申し上げたのではござらぬ。」

すると、西市が、

「去々年《さるさくねん》、かの地へそこもとが行ってから、壮丁や漁夫の者どもにも、鉄砲をうつ方法を教え申すべきを、役目を果たさなかったといわれても、仕方がござるまい。」

と、いうのである。

「私は、壮丁漁夫の者が、鉄砲をうつために派遣されたものやら、漁をするためにやられたものやら、かつていちども、そのような御命令を受けたことはござらぬ。」

と、答えた。

また、島英がいうには、

「だいいち、かの地に参ったら、巨霊神鉄砲の据え場所などを検分いたし、早速こしられて置くべき筈である。船のかかり場所も、遠浅のところ、岸の深いところで、知られるものでござる。そ

れに何ぞや、さようなこともいたさぬというのは、御役目を忘れたもので、ふとどき千万である。」

そこで、治五平が答えた。

「かの地の海岸は、まことに広く、いずれのところの沖へ出現するものやら、愚昧の私などの知ることではござらぬ。もちろん、御公儀の地面のこと、私一存で、大根一本自由に植えることもできぬところ、その上、去々年からうちつづく御普請で、御人足一人の手すきの者もなく、大筒の据え場所、そのほか台のこしらえ方も、五、六たびも祐右衛門まで申し出でましたところ、御公儀から、大筒を下げ渡される御沙汰は、今に至るまでないからということで、これらさえ仰せつけなかったような次第でござる。」

島英がいうには、

「忠作へ陣羽織を脱いで着せたのも、大小まで差させたのも、はじめっから逃げ支度に、そうしたに相違なかろう。」

そこで、治五平は答えたのである。

「忠作に陣羽織を着せ申したのは、戸田又太夫殿、関谷茂八郎殿が、あんまり忠作は粗服で見苦しいとのことで、ちょっと赤人が上陸している間だけ、間に合せてやろうと考えて、着せたのでござる。また、大小のことは、われら一行が盛岡を立つときから、忠作が『まさかのこともあるかも知れぬ。そのときは、道中ざしを御かし下されたい。』と、かねがね約束していたことゆえ、道中ざしを用立ててやったものでござる。私は、さし替を用い、忠作がさして参った大小は、小児のさし習いの大小でござる。茂八郎殿が申されるのには、『オロシャ国から、交易の願いに参ったと見える。』などと、公儀の御役人である御両人が、こう申された以上、赤人船が、何のために来たのか、まだ知りもしないうちに、どうして逃げ支度をいたしましょうぞ。逃げるも隠れるも、まだ事件の最初のことで、そのような考えなどは、一向ないことでござった。私は薄手とは申せ、傷を得てからこそ、いろいろ思案もしたのでござるが、防ぐべき手段もなく、仕方なく、愚かな出来心から、勝手に引きさがったのは、とやこう申されない無調法でござりました。」

すると、西市がいう、

「軍法らしいことを申して、ふとどき千万である。屋根の上に畳を敷いて、その下にかがんでいる考えで、そのようなことを申したのであろう。卑怯千万である。」

島英もいうのである。

「二十人ばかりの赤人など、どのようにしても防ぐ方法があったであろうに、臆病で残念千万である。」

そこで、治五平が答えたのである。

「赤人は、二十人とは申しながら、もとより向うは鉄砲をうつ準備をして来たのに、こっちは、ただただ交易の願いで来たのであろうと、諸人みな思っていたこととて、油断いたしておった。陽助が、内股をうたれたので、急に騒動いたしたのでござる。その上、赤人どもは二十人が二十人、みな鉄砲をうち申したが、味方は、人数だけは漁夫や壮丁なども七、八十人はおったのでござるが、鉄砲をうつ者は、たった三、四人しかなく、ここらで畳の上で考えるのと、その場にのぞんでの考えでは、雲泥のちがいでござる。」

西市がまたいう。

「死ぬところも、何ほどもあることと思うが、死にかねて、江戸まで引き登せられ、諸国への御外聞から考えても、まことに重大な罪人である。」

私は答えた。

「随分、もっともではござるが、私とても、たのしみに赤人に捕えられたのではござらぬ。不運で捕えられたもので、こういうことは、昔から、本朝にも唐にもあることのようにきいております。我が身も隠居の身で、罪人同様になって、引きずり廻されたことは、どれほど迷惑千万、心外であるか知れませず、残念に存ぜられる。さりながら、不運でこのような身になったことは、仕方がないと思うよりほかござらぬ。全く自分でつくった禍ではないのでござる。」

杉田玄白『野叟独語』は、武士の退廃を嘆いていたが、大村治五平『私残記』でも平和に慣れた武家政権はその弱体を露呈した。治五平は、上役の家禄家屋敷の没収よりは軽いとはいえ、家族とは一人離れて村方に永籠居。初めは鹿角大湯（現在は秋田県、藩当時は南部領）で、文化六年一月からは、檜山帯刀の知行地の下閉伊千徳村（宮古市華原市・けばらいち）に移った。この前後に『私残記』を書き出したようだ。文化十年八月四日、治五平は千徳村の洞沢山花厳院で永眠、六十二歳であった。罪人なので墓は石が一つあるだけ。文化十一年に始祖南部光行と中興の祖信直に、吉田神道から大明神の神階を受け、盛大に祭典を行った。祭典のあとに恩赦を発表し、死後ではあったが治五平の罪も免じられた。治五平の墓に墓標が建てられたのはだいぶ経ってからである。『私残記』は子孫に伝わったが、二〇二三年のテレビ朝日系番組では、菩提寺の花厳院が保管されているという。

三　北方警備に赴いた津軽藩士の日録「松前詰合日記」抄

文化露寇に対応して、蝦夷地北辺（北海道斜里町）のシャリの防備に派遣された津軽藩士斎藤勝利の日録である。この記録は、原文解読した当時北海道大学教授の高倉新一郎氏が上京の際に戦前から懇意の古書店で一九五四年入手のものである。現在も北海道大学付属図書館が所蔵し、同大北方資料データベースで画像が公開されている。内容は津軽藩シャリ陣屋での百人余りの隊士の生活記録だが、越冬中の厳しい寒さと栄養不足の浮腫病で七十二人が死亡するという悲惨な記録である。栄養不足は白米を中心としたビタミンB1欠乏によるものだが、脚気と寒さの複合による大量死と考えられている。荻野鉄人・影山芳郎両氏「『松前詰合日記』に記載された「浮腫病」についての一考察」知床博物館研究報告第18号（一九九七年）が詳しい。日録を抄録で以下に示す。

文化四丁卯年（一八〇七年）、松前箱館ならびに奥地の択捉《えとろふ》島警備のため、公儀（幕府）役人ならびに此方様《こなたさま》御人数（津軽藩軍勢）が詰合していたところ、魯呂者《おろしや》船が渡来し、択捉島の御陣屋を鉄砲で焼き払い、続いてロシヤ人が上陸して来た。その陣屋焼き払いのとき、わが軍勢は見苦しい状態で同地を撤退し、松前表へ引揚げて来たということである。ところが露船は、その後も国後島《くなしり》や方々の場所へ乗り廻し、所によつては上陸し、米噌（味噌）などに乱暴し、彼《かの》の船へ盗め取つた旨、蝦夷地からの御注《ちゅう》進《しん》が数度におよび、なおまた松前箱館沖にまで乗り廻していることなどの急報もあつたので、この春の松前勤番人数のほかに増人数を急派するようにとの幕命が出た。よつて五月二十四日、明六ッ半（午前七時）宿元を出て、諸手物頭《ものかしら》蝦名彦左衛門の組に加わるようにとの命令で勤務することになつた。（中略）二十六日朝七時ごろ蝦名彦左衛門宅へ出勤した。（中略）かれこれしてようやく午後四時ごろになつて当地（弘前）を出発、夜八時ごろ藤崎村で弁当をつかい、それから夜中へかけて行軍し、明け方になつて青森表へ到着した。

一、五月二十六日（陽暦七月一日）、一番手大将御馬廻組頭竹内源太夫殿も御出立（中略）郷夫とも総勢七百五十人が青森へ集結、禅寺常光寺を本陣と決め、付近の町家へも同勢が落ちついた。

翌二十七日は滞在の予定であつたが、午後二時ごろ御使番成田求馬が早打ちで駆けつけ、早々に三馬《みんま》屋《や》（三厩）から松前表へ渡海せよとの命令の使者で、お召馬に乗つて来てこれを伝えた。よつて翌二十八日青森出立となつたが、折からの雨天で一同は難儀した。途中平館で一泊、翌二十九日三馬屋に到着して日和《ひより》待ちとなつた。六月二日には青森表から軍船五艘《そう》が三馬屋へ着船した。同四日になつて風向きがよろしいように見えたので、その五艘へ一同の着替荷物を積め入れることになり（中略）だんだん順凪になるとのことで、一同が乗船したのは朝八時ごろであつた。

こうして三馬屋を出帆したが、途中何事もなく午後二時ごろ箱館表へ着船した。（中略）御行列を組んで箱館の高龍寺にいたり、これを借りあげて落ちついた。ほかに近所の寺を借りあげ、当分これらの寺に滞在した。前年から詰合の津軽藩兵は箱館陣屋に四百人余おり、勘定奉行高屋吾助が物頭代として去年の秋から在勤しているとのことである。
一、六月四日午後四時半ごろ、佐竹様（秋田藩）の軍船六艘が揃つて箱館へ着陣、軍勢・軍馬ともに上陸し、（中略）箱館郊外の亀田という所に仮陣屋を急増してその夜を過ごし、翌日から本陣屋設営の手配をされた。（中略）
一、六月六日、南部様（南部藩）の軍勢が軍船四艘で到着した。そのあと庄内酒井左衛門様、仙台様（仙台藩）、会津様（会津藩）の軍勢も追々着船したが、せいぜい家数千軒の場所へ一万四千人余りの軍勢が駐屯することになり、箱館付近の広野へ仮陣屋を建設して駐留された。ところが町家の者どもはその物々しさに恐れをなしたか、店を開くものもなく、商売をやめて戸を閉めきつていた。
一、箱館表には公儀御役人がお詰合になつているので、諸家様から使者をもつて到着の申告をされた。いずれも陣羽織着用と見受けた。
一、露船がこのほど西蝦夷地へ乗り廻し乱暴を働いている旨、蝦夷どもから注進があつたということで、わが藩はソウヤ（宗谷）という場所へ、諸手物頭貴田十郎右衛門指揮下の二百人余が、先月から順次箱館を出立していつた。ところが、さらに増兵の命令が出て、六月十一日、急に百人の増派が決まり、勘定人加勢田中才八郎が道中の責任者となり、拙者もこの隊に加わつて行軍した。（中略）道中日数二十六日ぶり七月九日（陽暦八月十二日）宗谷へ到着した。（中略）

到着早々翌日から直ちに手伝うよう命ぜられ、材木運搬の人夫がわりや野芦の刈取りに着手、あるいは井戸掘りの手伝い、大工の助手など、まるで土木工事の人夫がわりとして毎日出勤した。（中略）

一、宗谷詰の公儀御役人は調役鈴木甚内様、下役衆三人、そのほか（中略）十二人ほど駐在しているようであつた。（中略）

一、津軽陣屋は追い追い建設が進んで五棟が出来あがり、前記の貴田十郎右衛門が総頭役で、その下役は勘定小頭山崎半蔵、勘定人伊東友衛・斉藤久司、ほかに（中略）郷夫など二百人余のところへ増援の百人が駐屯したのである。

一、同所に松前藩の家家老松前将監が大将で百五十人ほど、先日到着したということで出張しており、漁小屋に滞留していた。ところが、樺太島の沖合に当つて鉄砲の響が遥かに聞こえたので、急に小船に飛び乗り、七月十四日朝大筒を積みこみ、樺太島めがけ八、九艘で馳せつけた。（中略）

一、松前藩の一行は、樺太島へ駆けつけたが外国船は見えなかつたので、それから松前へ帰つたという。もつともそのころ松前家の国替え命令が発せられた旨の連絡があつたので樺太行きの一行は松前表へ引揚げたのだそうである。

一、七月十六日、急にシヤリ（斜里）という場所を百人で警備する命令が出たが、その人員は宗谷詰合のうちから派遣するとのことで、その準備を仰せつけられ、一番立ちは七月十八日と決まりまたも勘定人加勢田中才八郎を隊長として一隊三十人が宗谷を出立、宗谷から七十七里も奥地の斜里へ向うことになつた。そのとき拙者は道中小頭役を仰せつけられた。（中略）

合計三十人、着替荷物をそれぞれ包にし、各自の名前を書いた木札をつけ、藩船八幡丸に御武器のほか米噌や酒も少々積め入れて廻送した。なお、宗谷から斜里までの宿泊については、先触れに蝦夷人夫を雇いあげて派遣したが、道中十二日ぶりで、七月二十九日（陽暦九月一日）、斜里という場所へ到着したのである。

斜里には、公儀御役人調役最上徳内殿、金井泉蔵殿の両人が在勤しており、その会所が設置されていると、下役の者から知らせがあつたので、津軽家人数到着の旨を報告のため、田中才八郎上下（従者）四人で参上した。ただちに支配人ということで町人風の者二人が出て来て、海岸にある漁小屋二ヵ所を片つけ、三間に九間（二十七坪）の小屋、ここに落ちつかれるようにというので、真つ先に小屋に入つてみたところ、急に板を打ちつけて造つたもののように見え、莚を敷きつめてあつた。午後二時ごろのことであつた。まずはわれわれ当分の住居になるだろうと話し合つているところへ、八幡丸入港の知らせがあつたので、直ちに海岸にいた同勢が出かけ、まず各自の着替荷物をさきに陸上げし、それから飯の支度にかかり、鍋釜・米・味噌・桶鉢の類を取り出し、ようやく宿泊の段取りとなつたが、行灯がないので、公儀会所から蠟燭を借りあげてこの夜を凌いだ。翌日になり（中略）荷物を全部陸上げしてから八幡丸は宗谷へ帰航した。

一、八月朔日、宗谷出立の先触れとして蝦夷人夫から知らせがあつたが、二番立ちの頭分は勘定人笹森寛蔵で一行の着替荷物は蝦夷人夫に背負わせ。追い追い到着した。(中略)合計三十五人が到着したので、漁小屋を借りあげてそこに落ちつかせた。

一、八月七日から急《いそぎ》に仮陣屋を建設する計画で、敷地の認可、木材の切組めに着手するようお達しがあつたので、一同集合のうえ協議の結果、宗谷のときと同じく、諸組以下が人夫がわりに働くことに決定、その準備に着手した。

一、八月十日、またも先触れが到着したので、、公儀御役人へ報告、物置所一ヵ所を借りあげて、御武器ならびに米噌・酒・漬物などの廻送品を漁小屋からこれに移し、その空いた漁小屋へ到着の人数を入れるよう手配した。そして十一日午後四時ごろ、道中の頭分は作事受払役工藤文作で、藩医石井隆仙以下(中略)。以上の人数が東蝦夷地から回つて来た。東地のクナシリ(国後)という場所から西蝦夷地へ抜けるには、山中・川筋を通つて七日かかるが、泊り宿は蝦夷小屋しかないから、七日分の食糧・塩・味噌・漬物、酒肴から草鞋の類まで携行せねば通行はできないので、それを蝦夷人夫に背負わせ、七日ぶりに十一日午後四時ごろ到着したのである。よつてこの旨を公儀御役人衆へお届けした。

一、斜里詰公儀御役人は最上徳内殿・金井泉蔵殿の両人で、その会所は平地より一段小高いところにあり(中略)表の方に車井戸が一ヵ所ある。

一、八月十一日、陣屋建設の敷地は、公儀御役人が出張検分のうえお渡しになつたので、材木の伐採、木炭製造には郷夫たちを差し向けた。およそ一里半から二里くらいのところまで出かけ、雑木を伐採させた。出材すると筏に組み、海岸を引き廻し、陸上げされたところで諸組の連中が出かけていつて運搬した。薪炭用の流木の分は蝦夷船を雇つて積み入れ、陸上げしだい諸組の面々が担いで運搬した。材木は松前トドという木で、二葉松と同様で軟かい木である。しかし生木であるから運搬には苦労した。

一、陣屋の敷地は、西表口は四百間、東裏行き百五十間、南側三十間、それから先は湿地で山に続いている。（中略）何んといつても陰湿な土地であり、朝は明け方が遅く、日暮れは早く、いつもどんより曇つているように見える。

一、上長屋は三間に十二間（三十六坪）で、用材は松前で切り組みのうえ廻送したもの、柾屋根である。

一、中長屋は幅三間に十間（三十坪）で柾屋根、丸太の柱で、斜里で切り組んだ。屋根柾だけは廻送品を使つた。土台石は、斜里から二里ぐらいに石浜があるので、それを蝦夷船で廻送した。

一、下長屋は幅三間に長さ十間（三十坪）、斜里の山から伐り出したトドという木で一棟、すべて生木をもつて出来あがつたときに萱で屋根をふいた。（中略）

一、剣術稽古所一ヵ所、表門の脇に作り、十一月七日から訓練が始まつた。

以上のように建設は着々と進み、連日一同が手伝いに出て、それぞれの手配を定め、八月十二日から十一月十五日までの間にすべて完了した。なお上長屋の雪囲いは、芦や笹を刈り取つて出来あがつた。雪空の下での労働にはいずれも難儀した。（中略）

一、九月八日、宗谷陣屋詰から急御用状が到達、外国船が宗谷沖合に見えたので出張警戒している。もし斜里あたりへも廻航するかもしれないから、警備の用意をするように云つて来たので、このことを公儀衆にも報告し、斜里の弁天堂山上に四坪ほどの遠見番所を設け、昼夜番人を付けておいた。（中略）もつとも五、六日間も見張つていたが、沖合に外国船は見えなかつたので、その旨を宗谷に報告しておいた。

一、斜里詰最上徳内殿から毎月三回ずつ星場（的場）打ちの訓練をするように達せられたので三日・十三日・二十三日を定日と決め、諸組のうち十二人ずつ順番に出仕することとした。星場は会所の広庭に設けてあつたので、そこへ出勤したのである。ただし平服であつた。（中略）

一、長柄奉行馬場種次郎が斜里詰合を仰せつけられたが、すでに冬季に向かい進行も困難なので明春になつて赴任すると通知してきた。それまでの間は勘定人が詰合御人数を指揮するようにと申して来たので、このことを一同に伝えた。

一、十月五日、漁小屋に入つていた人数が下長屋へ移転した。そのとき賄役両人を上席とし、諸組の分は席次順をもつ席を占め、郷夫の方は年齢順をもつて席割りとするよう決定した。

一、十月七日、郷夫の大鰐村富蔵が病気になつたが、すぐには回復しそうに見えないので、箱館まで下つて養生したいとの願い出があつたが、それほどの難病とも思えぬということで、この土地で養生することに決まつた。

斜里詰の医者石井隆仙というのは松前生まれで、弘前の古郡道作の弟子になり、六、七年道作の方で修業していた。そんなわけでこんど藩の雇医となり、当地の詰合となつたのである。

一、十月十五日（陽暦十一月十四日）から寒気がいよいよ厳しくなり、朝夕はとくに冷えこむ。お国表の弘前とは格段の相違である。この様子では日ましに寒気・冷え方が強まるがどうしたらよいかと一同は動揺している。毎日少しずつ雪が降り、東風が吹き荒れて、難儀した。

一、十月二十六日、松前表から御飛脚が参着した。そして公儀から医学館製の加味平胃散というお薬を、一人につき五袋ずつ下し置かれ、そのほか詰合御人数一同に重い御口達書をもつて、御酒一升・酒肴料三十七文、計百六十七文を一人ずつ下賜された。(中略) よつて上役のところへ参りお礼申しあげた。

一、十一月十一日、公儀御役人最上徳内殿から、武芸を検分したい旨のお達しがあつたので、十三日に公儀会所へ出仕した。

一、十一月十四日(陽暦十二月十二日)から吹雪がつよく、寒気もいよいよ厳しくなつたので、外出を禁止した。しかし、井戸がないので川水を使用しているが、大荒れになつたので浪高く、川口に潮水が混入し、水汲みの者どもは非常に難儀した。また陣屋内で話合いをしても、浪音が高くて言葉も聞きとりかねた。そのうえ寒気が強く、弘前よりは綿入二枚ぐらい重ねたいほどの寒さなつたので、一同いずれも困惑した。(中略)

一、十一月中旬から詰合御人数の大部分が浮腫病を患い、それぞれ病気届けをしたが、三御長屋とも水汲み、飯炊き、薪作りなど雑役の者に差し支え、止むをえないことであるから役分に関係なく健康な者は働くこととし、郷夫の者あるいは掃除小人、大工や鳶の者どもも飯炊き、水汲み、薪作りに勤めることとなつた。(中略)

一、十二月十四日郷夫の者沖館村助次郎病死。同十五日諸手足軽角田太左衛門、鳶の団六、町大工兵七病死。ただし、太左衛門・兵七は、去る十二日宗谷で養生したいとの願いにより出発したが、途中モンベツ（紋別）という所で病死したとの知らせがあつたのである。（中略）

一、十二月十七日、御持槍下藤善次郎、宗谷へ引越し病気療養したいとの願いが聞届けられて出発したが、途中アバシリ（網走）という所で病死した旨の知らせがあつた。（中略）十二月十八日郷夫の鼻和村次左衛門・飯詰村次郎八病死。

一、十二月二十三日、鳶の嵯峨八、さきごろ宗谷へ引越し病気療養したいとの願いのとおり聞届けられて出発したが、途中で病死したとの知らせがあつた。

一、斜里詰合公儀金井泉蔵殿が病死されたとのお知らせがあつた。

一、十二月二十五日諸手足軽佐々木孫二郎病死。同二十六日長柄の者中田惣十郎が病死した。

一、十二月二十八日、松飾りの日となつたが、雪中のこととて松・竹・ゆずり葉・海老の類はないので、松のかわりにトドの木に笹を飾りつけて、ともかくも大晦日の年越しをした。べつだん料理ごともなかつた。

文化五年辰年となつた。

一、辰の正月元日（陽暦一月二十八日）となり、めでたく（中略）祝儀は整つた。（中略）さて三御長屋諸組の者どもは、上長屋へ平服で御祝に参上、それからほかの長屋にも挨拶に回つた。

一、正月元日御城付足軽花田源太郎、同二日同神山弥三治、同三日御長柄三浦勝平、同御大工吉村次

郎兵衛・郷夫大曲村紋三郎の計五人が病死した。
一、正月四日、松飾りを引き納め、これでお祝儀は済んだ。
一、（中略）合計二十二人が正月四日から同二十九日までに病死したので、残りの病人たちも気力を失い、ことに物の不自由なことは申すにおよばず、ともに哀れを催したことであつた。
一、二月になつても新しい暦がないので、月の大小もわからないが、本日を二月朔日と定めた。
一、二月朔日郷夫十三町の喜助、同四日作事受払役工藤文作・郷夫野木村佐五右衛門が病死した。
（中略）
一、二月七日諸手足軽石沢六之丈（中略）同二十六日郷夫舞戸村長太、同二十八日同廻関村甚八の合計十一人が病死した。
一、三月二日、郷夫高杉村弥兵衛が宗谷へ引越し養生したいとの願いが聞届けられて出発したが、途中網走というところで病死したと云つて来た。同四日郷夫藤崎村幸吉、同日大筒役佐々木直八は松前へ帰つて養生したいとの願いが聞届けられて出発したが、途中常呂という所で病死した旨の知らせがあつた。（中略）同六日（中略）計八人が病死した。（中略）
一、三月十五日、三御長屋御人数残らず病気となり、病死の者も多く出たので、何となく物淋しくなり、なおまた食事の世話をする者、水汲みの者もなくなり、枕を並べて寝伏している有様は見るからに哀れな光景となつた。仕方がないので、男夷一人を雇い、飯炊き、水汲み、薪作りなどに使つたが、蝦夷言葉が分からぬのでまことに困つた。（中略）五、六日もしたらだいぶ馴れ、言葉使いも自然と分るようになつた。（中略）この蝦夷の名は弁慶といい、二十一、二歳の若者である。だいぶたつと蝦夷言葉も分り、蝦夷通詞のようになつた。

一、四月二日（陽暦四月二十七日）になって大海の氷が解けはじめたので、やがて船も通うようになるだろうと喜びあつた。それにしても、生魚は去年の九月に食べてから現在まで口にしていない。（中略）

一、四月二十八日、御持筒足軽木村堅蔵（中略）以上九人は病気のため帰国願いが許され、当地を出立していつた。

一、五月朔日、御医者石井隆仙は、病気につき松前へ帰りたいとの願いが許され、十三町郷夫石五郎を付添として出立した（中略）。

一、六月十一日、中村本川、斜里詰合に病人の多いことを聞きおよび、お見舞として、松前箱館詰めのところ同地を出立、掃除小人川倉村伝十郎、郷夫今井ヶ沢忠助と上下三人で到着したが、まだ元気な者も残つていたので、たがいに喜び合つた。この医者から新暦を写し取つたところ閏六月があり、大小の月日も判明した。（中略）

一、閏六月十三日（陽暦八月四日）、足軽目付桜庭又吉が病死した。郷夫藤崎村の忠助が脱走したらしく、捜索したが発見できなかつたので、その旨上役に報告した。（中略）

一、当斜里場所は、冬季間の寒気すこぶる強く、とても越年などは出来そうにもない所と、前々からきまっているそうである。ここに住んでいる蝦夷たちは冬季間どこへ行くのかと尋ねたところ、斜里から東海岸へ向つて山合を隔てクスリ（釧路）という所まで、七里ほどあるそうだ。このクスリまで山沢を通つて引越し、翌年四月ごろまで斜里には帰つて来ないのだそうだ。飯炊き蝦夷の弁慶がこのように云うのである。それとも知らず、このような場所へ御人数を配備したのであるから、病死者の多く出たのも当然のことである。今後は、秋九月から翌年四月までは、東地へ移動させて冬季間を過ごすよう仰せつけられたいものである。（中略）

一、閏六月の末になつても交代の模様が分らず、どうなることと案じていたところ、同二十四日の昼すぎ、当地の沖合に帆掛船が現われ。（中略）間もなく小船に三、四人が乗り移つて上陸し、わが陣屋へ参り、御用状持参の旨を申し出た。そして、当所引払い命令が出たので、四百五十石積み千歳丸到着次第引揚げよとのことで、これを皆々に申し伝えたところ大いに喜び。このことを公儀御役人衆へ報告し、それから準備に着手した。（中略）

一、御武器ならびに諸道具を千歳丸に積入れのため、蝦夷人夫を雇いあげてとりかからせ、御人数着替荷物を合せて総数四百八十六個を引渡した。それで日和待ちとなつたので、これまでに死亡した御人数の墓所に、桧で高さ二間・七寸角一本の墓標を工藤茂兵衛が削りたて、形よろしく出来あがつたので、齋藤文吉（勝利の前名）が病死者七十二人の俗名を席次順に書き記し、それを郷夫二人に持たせ、工藤茂兵衛・齋藤文吉ならびに郷夫二人の四人連れで墓所へ参り、その上の方に持参の角柱を建て、それから墓所の土を少しずつ死者の数だけ紙に包み、名前を書き記して、箱に入れ、それを七島莚（鹿児島のむしろ）で包み、帰国のさい齋藤文吉の宿元へ持参のうえ、各自の宿元へ届けることとした。（中略）さて墓標に向い（中略）当地警護の人数は引払いを仰せつけられ（中略）風順しだい出立する旨申し唱え、各自へ水を供えたのであるが、思わず涙にむせんだのである。

一、閏六月二十六日（陽暦八月十七日）千歳丸の船頭が云うには、近日中に順風が出そうだから、本日中に乗船されたいとのことで、このこと公儀御役人岩間哲蔵殿にお届けし、（中略）すぐさま会所岩間哲蔵殿に御挨拶のため、笹森寛蔵、田中才八郎が上下四人で参上した。そのほかの者は、中村本川上下二人、齋藤文吉、工藤茂兵衛（中略）の九人で、道中用心のため十匁筒二挺・六匁筒一挺・三匁筒一挺を携えて乗船した。斜里警備御人数百二人のところ、引払いのさいには計十七人となつていた。（中略）午後三時ごろ風向がよくなつたとのことで、だんだん沖合へ出て行つたところ、ますます順風とのことで疾走したが、七月二日、宗谷沖合で風が変り、やむなく樺太島久春古丹の沖まで行つた。しかし暮れごろになつて出し風が強くなり（中略）利尻という島へ船がかかりし、ここに三昼夜滞留した。（中略）

七月六日の明け方ここを出帆、神威岬を廻そうとしたところ、またもや風が変わつたので、止むなく積丹という所へ船をつけた。この積丹の沢の奥に名竹が生えている。この沢の入口に会所があつて、番人が竹林の見張りを兼ねているとのことである。

七月七日の明け方、風順がよくなつたので積丹を出帆、走り船になつたが、何とも神威岬を廻しかね、とやかくしているうちに夜中になつた。ところが翌八日の明け方、大風が吹き出して停泊困難となり（中略）船尾を大破し、あやうく沈没しそうになつたので、（中略）せめて忍路という所へ船寄せしたいとのことで（中略）ようやく昼すぎ忍路へ着き、一同は安堵の胸をなでおろした。

この忍路にも会所があつたので、一同上陸した。ところが、ここから三里ほど東に高島という所があり、その場所にわが御馬廻組頭森岡金吾殿御人数三百五十人ほどが駐屯していると、会所の支配人から聞いたので、田中才八郎と工藤茂兵衛が郷夫二人を従え、蝦夷人夫を雇い先発させて行ったところ、たしかに駐屯していたので、斜里詰人数御引払い命令により帰国の途中であるが、近来風順が悪く難儀している旨を申しあげたところ、斜里詰御人数は全滅したとの風聞があり、弘前表においても手配が行届かなかつたのでないかということであつた。しかし、たとえ一人でも無事に帰国できたことは、世間の聞こえもよろしい。一行は陸行した方がよろしく、そのことを自分からも藩に伝えておくが、明日は忍路へ行つて一同と対面すると申されたそうで、才八郎・茂兵衛は直ちに引返し、そのことを皆に伝えたのである。

一、七月十三日午前十時ごろ、森岡金吾殿は上下三十四人で忍路会所へお越しになり、お呼び出しがあつたので参上したところ、早速ご挨拶をいただき、そのうえキセル一本・玉たばこ二つ・素麺一把ずつ下され（中略）午後二時ごろお帰りになつた。

一、七月十四日、千歳丸の上乗を工藤茂兵衛と決め、残る十六人は、蝦夷船を雇つて高島陣屋へ参上、昨日のお礼を言上した。素麺はもちろんのこと、久しぶりに煙草にありつき、一同大喜びであつた。同十五日は高島滞在を仰せつけられ、十六日にここを出発。

一、七月十九日、千歳出立、四里半で美々というところで昼食。（中略）美々から川船で一里半下り、それから陸行して東海岸へ出て、勇払という所の会所で宿泊。（中略）

一、七月二十二日、幌別出立、室蘭泊り、道程五里。（中略）

一、七月二十五日、有珠出立、道程五里半で礼文華の会所泊り。（中略）
一、八月朔日、大野村出立、五里の道程で箱館へ着いた。（中略）
一、八月五日、松前御城下。ここの津軽陣屋は柴垣をめぐらしているので、柴垣の陣屋と唱えている。ここに落ちつき、日和待ちの間しばらく滞留した。
一、去年の六月、箱館陣屋から急に奥地へ出発したが、その後において松前家はお国替えを命ぜられて新領へ引越され、松前城には箱館詰御奉行衆が移られたので、わが津軽家でもそれまで箱館にあった陣屋を引払つて松前に移り、松前藩家老松前左膳の家を譲りうけて本陣と定めたが、高台にあつて見晴らしの非常によい屋敷である。二陣・三陣も松前藩士の家で、そこへ御人数が配置している。拙者も三陣に滞留したのである。
一、八月六日、斜里場所出帆の千歳丸が到着したとの報告があつた。そして上乗の大組足軽工藤茂兵衛が上陸して三陣に滞在、天候しだいで青森へ廻航するが、また上乗を勤めるはずである。
一、拙者帰国にさいして、松前家から津軽家へ贈られた鷲一羽、駕籠に入れて、お預けを命ぜられ、帰国したとき御鷹部屋へ差し出すようにと、御用状を添えてお預けになつた。ところが明十日、御飛脚船を強いて出船させるからそれで出発するよう命ぜられ、郷夫の者どもに鷲駕籠を持たせ、午前九時ごろ松前表を出船したが、日和もよろしく午後二時すぎ無事三馬屋表へ到着、大慶安堵した。三馬屋で鷲駕籠持ちの人夫と、宿継ぎのさい鷲の餌にする小鯛・かれい・かながしらの小魚を差し出すよう居鯖《いさば》（魚屋）どもに申しつけ、先触れを直ちに出発させた。

一、八月十一日三馬屋出立、鷲駕籠持人・手代とも三人で蟹田町泊りとなつた。（中略）同十五日弘前城下へ入つて御鷹部屋へ鷲駕籠をお渡しした。それから頭方のお宅へただいま到着の報告を申しあげ、松前方へも連絡を依頼して、ようやく宿元へ帰つたのである。

一、八月十六日、青森表へ千歳丸が到着したので、御人数の着替荷物ならびに御武器の類を弘前へ輸送するよう御用命があり、即日出発して途中高田村で一泊し、同十七日青森に着いた。（中略）御武器の分は封印のまま松前方へ上納し、御人数着替の分は宿札をつけて宿継ぎにし郷夫らの荷物は青森伝馬から受取りを差し出させ、荷物を付け札の村々へ届けるよう申しつけて発送させた。同二十日（陽暦十月九日）自宅へ帰着した。

一、斜里場所警護の御人数百人が駐屯していたところへ、翌五月、御医者中村本川が参着したので合計百二人となったが、以上のうち十三人は、病気のため去年の冬から今年の夏までの間に、宗谷あるいは松前で養生したいとの願いが聞届けられて出発させた。ほかの七十二人は、去冬十一月二十五日から今年の閏六月十三日までの間に病死した。残る十七人のうち二人は越年者ではない。十五人が越冬駐在して今回帰国したのである。

一、斜里場所で御陣屋詰合御人数の食料用の魚類を同所の運上家から買いあげると、塩引魚一本につき代価百文ずつであつた。蝦夷どもから直接買いあげることは禁止されていたが、内密に生鮭を買いあげたときは一本の代価は一分四文ずつであつた。もつとも塩蔵の魚は蝦夷は持つていないのである。

（中略）

予が二十二歳の年、松前表へ魯呂者《おろしや》船数十艘が乗り廻している様子なので、急ぎ明後二十六日弘前を出立せよとの命を受けて、蝦夷地において越年、翌辰年は閏六月があつたので、十七ヵ月めにようやく宿元に帰り着いたのである。

『松前詰合日記』の製作は、「津軽藩士殉難慰霊碑を建立する会編『松前詰合日記』原文解読高倉新一郎　現代語訳田中最勝、一九七三年、斜里郷土研究会」が最初で、十年後に「『松前詰合日記』原文解読高倉新一郎　現代語訳田中最勝、一九八二年第二版、津軽藩士殉難慰霊碑を守る会」、さらに「『松前詰合日記』原文解読高倉新一郎　現代語訳田中最勝、一九九七年第三版、津軽藩士殉難慰霊碑を守る会」が再版された。現在は「『蝦夷地警備日記（松前詰合日記　全　斎藤勝利）を読む【改訂版】』鹿内武三校注、二〇二二年、鹿内武三」が、斜里町立知床博物館などで販売される。『松前詰合日記』が発見された頃、町内禅龍寺で過去帳が発見され、『松前詰合日記』の内容の重要性が増した。

【改訂版】では、斜里場所駐屯の人数を「本当は百三人」としている。当初人数の百人に医者の中村本川が掃除小人川倉村伝十郎・郷夫今井ヶ沢忠助を従者として来たので、百三人となるはずだが、忠助は到着して間もなく斜里場所から姿を消して逃亡したので、齋藤勝利は駐屯者の数に加えなかったのだろう。

斎藤勝利は出陣当時諸手五番組に属し、無事帰国の後、万延元年十二月二十三日（一八六一年二月）、七十八歳で没した。墓は弘前市法立寺（日蓮宗）に戒名忠道院勝利日体居士の墓石があるという。斜里町に文化九年（一八一二）建立の殉難者供養碑が二基（斜里町文化財）残るだけだったが、津軽藩士殉難慰霊の碑が一九七三年に町立公園に建立された。

これとは別に、稚内市の宗谷岬に近い宗谷公園に珈琲豆をかたどる「珈琲豆の碑」が一九九二年に弘前市内の喫茶店経営者らに建立された。文化四年の蝦夷地警備で浮腫病に倒れた津軽藩兵を悼むとともに、安政二年（一八五五）再び蝦夷地警備に赴いた藩兵に、幕府が浮腫病の薬用として「和蘭コーヒー豆」が配給された事実を記念するものである。

蝦夷地での藩士たちを脅かしたのは寒さと浮腫病（水腫病）であった。この病は「腫レ出シ後心ヲ衝キ落命ニ至ル」といわれ、罹患した者の多くは死亡したという。現代でいえば脚気、または壊血病ではないかとされている。一八〇三年に蘭学医・廣川獬が『蘭療法』の中でコーヒーには浮腫病に対する薬効があると説いているが、コーヒー抽出液には脚気、壊血病に有効な成分は含まれていない。一方、蝦夷地での藩士たちの生活は、厳しい寒さと多湿な環境に対して簡便すぎる住居と保温性の低い衣服や寝具、また偏った食生活のため栄養状態も悪く、藩士たちの多くが凍傷、低体温症を患っていたと推察される。これらの疾病は浮腫・むくみ・不整脈・心室細動といった症状を呈し、悪化すると致命率も高いなど浮腫病の症状と一致する。以上のことから、ここでいうコーヒーの薬効とは、コーヒーに含まれるカリウムの利尿作用、またナイアシンの血流改善効果などを指すと考えられ、浮腫病の予防、症状緩和という点において藩士たちの健康維持に有効であったと結論づけられた。（早川和江氏「蝦夷地警備藩士の飲用したコーヒーが健康に及ぼした影響」（抄録）一般社団法人日本家政学会研究発表要旨集・六十三回大会・二〇一一年）

参考文献

第一章　恐れいりやの馬琴説、びっくりしたやのUFO説
「兎園小説」『日本随筆大成』第二期第一巻、吉川弘文館、一九七三年
名古屋市教育委員会編「鸚鵡籠中記（二）」『校訂復刻名古屋叢書続編』第十巻、愛知県郷土資料刊行会、一九八三年
塚本学編注『摘録鸚鵡籠中記　元禄武士の日記』上・下、岩波文庫、一九九五年
柳田國男「うつぼ舟の話」『定本柳田國男集第九巻』筑摩書房、一九六九年
加門正一『江戸「うつろ舟」ミステリー』楽工社、二〇〇九年
窪田蔵郎『鉄から読む日本の歴史』講談社学術文庫、二〇〇三年（初出『鉄から読む日本の歴史』角川書店、一九六六年）
柴田光彦校訂『馬琴日記』第一巻、中央公論新社、二〇〇九年
小野秀雄『かわら版物語』雄山閣出版、一九六〇年

第二章　奇妙なかわら版の存在

「養蚕秘録」『日本農書全集』第三五巻、農林漁村文化協会、一九八〇年
前澤明「庭訓往来抄「蠶養」の注として見える一説話―蚕影山の縁起―」成城大学文芸学部『成城文藝』二九号、一九六二年
石川松太郎校注『庭訓往来』東洋文庫、平凡社、一九七三年
石川松太郎監修『往来物体系』第八巻古往来、大空社、一九九二年
伴瀬明美「未婚の皇后がいた時代」『日本史の森をゆく』（所収）中公新書、二〇一四年
横山重ほか編『室町時代物語大成』第三、角川書店、一九七五年
『世界の文字と記号の大図鑑　Unicode 6.0 の全グリフ』研究社、二〇一四年
大槻真一郎『記号・図説　錬金術事典』同学社、一九九七年
岡村千曳『紅毛文化史話』創元社、一九五三年
藤森普山編『訳鍵』凡例并附言、文化七年（一八一〇）跋刊、国立国会図書館デジタルコレクション
杉本つとむ『蘭学に命をかけ申し候』皓星社、一九九九年

第三章　愚か者の金と紛い物の金

シュタール『合理と実験の科学』古典化学シリーズ2、田中豊助ほか訳、内田老鶴圃、一九九二年
ラボアジェ『化学のはじめ』増補改正版、古典化学シリーズ4、田中豊助ほか訳、内田老鶴圃新社、一

九七九年
ラボアジェ『化学命名法』古典化学シリーズ6、田中豊助ほか訳、内田老鶴圃新社、一九七六年
ドルトン『化学の新体系』古典化学シリーズ7、田中豊助ほか訳、内田老鶴圃新社、一九八六年

第四章　文化露寇事件（フヴォストフ事件）とは

木崎良平『光太夫とラクスマン　幕末日露交渉史の一側面』刀水書房、一九九二年
木崎良平『仙台漂流とレザノフ　幕末日露交渉史の一側面No.2』刀水書房、一九九七年
羽仁五郎訳『クルウゼンシュテルン日本紀行　上』改訂復刻版、雄松堂書店、一九六六年
藤田覚『近世後期政治と対外関係』東京大学出版会、二〇〇五年
保谷徹「ロシアに持ち去られたフランキ砲の謎」『日本史の森をゆく』（所収）中公新書、二〇一四年
平田篤胤全集刊行会編『新修平田篤胤全集　補遺五』名著出版、一九八〇年
佐藤昌介校注、杉田玄白「野叟独語」『日本思想体系64』岩波書店、一九七六年
三島吉太郎編『蒲生君平全集』東京出版社、一九一一年、国会図書館デジタルコレクション
小林友雄『勤王処志　蒲生君平の生涯』大同館書店、一九三八年、国会図書館デジタルコレクション
中村愿ほか編「春波楼筆記」『司馬江漢全集　第二巻』八坂書房、一九九三年
「休明光記巻八」『続々群書類従』第四史伝部、国書刊行会、一九七〇年
近世史料研究会編『江戸町触集成』第十一巻、塙書房、一九九九年

鈴木棠三ほか編『藤岡屋日記』第一巻、文化元年―天保七年、三一書房、一九八七年
金時徳「フヴォストフ事件と『北海異談』―壬辰戦争の戦争史的な検討と『海国兵談』の利用を中心に」『近世日本の歴史叙述と対外意識』所収、勉誠出版、二〇一六年
高橋圭一「『北海異談』について―講釈師の想像力―」『実録研究―筋を通す文学』所収、清文堂、二〇〇二年
松本英治「北方問題の緊迫と貸本『北海異談』の筆禍」『洋学史研究』第十五号、洋学史研究会、一九九八年
井上泰至『江戸の発禁本　欲望と抑圧の近世』角川選書、角川学術出版、二〇一三年
杉田玄白『蘭学事始』岩波クラシックス28、岩波書店、一九八三年
大槻玄沢「蘭学階梯《らんがくかいてい》」『日本思想体系64』岩波書店、一九七六年
工藤平助「赤蝦夷風説考」『日本の名著25』中央公論社、一九七二年
本田利明「西域物語」『日本思想体系44』岩波書店、一九七七年
松平定信「宇下人言《うげのひとこと》」『日本人の自伝』別巻1、平凡社、一九八二年
村岡典嗣校訂『海國兵団』岩波文庫、一九三六年
山片蟠桃「夢ノ代《ゆめのしろ》」『日本思想体系43』岩波書店、一九七六年
田中実校注、宇田川榕庵『舎密開宗　復刻と現代語訳・注』講談社　一九七五年

終章　不思議な漂着物から不気味な到着者に
太陽コレクション6『「かわら版新聞」江戸明治三百事件Ⅱ（黒船来航から鳥羽伏見の戦い）』平凡社、一九七八年
朝倉治彦校訂「浮世の有様」『日本庶民生活史料大成』第十一巻、三一書房、一九七〇年

付録
中根淑校訂「北海異談譜」『百萬塔第五巻』金港堂、一八九三年、国会図書館デジタルコレクション
森荘已池『私残記　大村治五平に拠るエトロフ島事件』中公文庫、中央公論社、一九七七年（大和書店、一九四三年の再刊）
斎藤勝利『松前詰合日記』高倉新一郎原本解読　田中最勝現代語訳、一九七三年第三版、津軽藩士殉難慰霊碑を守る会

あとがき

『兎園小説』には不思議な話が多いが、かわら版やうわさ話をもとにしたものがほとんどである。「大酒大食の会」は文政五年頃のうわさ話によるもので、千住の酒合戦を下敷きにしたものらしいと想定されるが、「うつろ舟の蛮女」は出所がわからない。たまたま見たテレビ番組で、曲亭馬琴のつくったかわら版をもとに、各地に「うつろ舟の蛮女」を描いたものがあるというのである。出典を調べてみると、『江戸「うつろ舟」ミステリー』(楽工社)であった。かわら版刷物(船橋市西図書館郷土資料室蔵「鹿島郡京舎の濱漂流船のかわら板ずり」)を「うつろ舟の蛮女」の出所と紹介するのは有用だが、かわら版刷物も馬琴によるものとは同意できない。さらに「うつろ舟の蛮女」を江戸時代のUFO漂着事件と主張するのは残念である。『江戸「うつろ舟」ミステリー』の著者は科学者であるのに合理性がない。文書のなかに実在の地名「常陸原舎り濱」(現在の神栖市波崎舎利浜)があるから事実というのは不審である。あの砂浜に、下部を鉄材で補強した重量級の「うつろ舟」が、明治維新の六十五年前に漂着できたとは到底思えない。

柳田國男氏は「是以外には一つの証跡も残らぬのだが、舟の中に書いてあつたと称して、写し取つて居る四箇の異形文字が、今では最も明白に此話の駄法螺なることを証明する」という一方で「もしこの「うつろ舟」から証明することになるやうなら、是も亦愉快なる一箇の発見と言はねばならぬ」と断じている。四箇の異形文字はヨーロッパ起源の錬金術記号で文字ではなく、「物質」または「動作」を表現する「絵文字」（絵画的「記号」）で個人的関係あるいは少人数の集団で通用するだけである。特定の音と結びつき体系化されて「文字」となる前の段階のものである。柳田氏の「世界どこにも無い文字」という指摘は当たっている。錬金術記号の「銅サフラン」（ユニコードU+1F423）は異形文字に完全に一致する。ウインドウズのＩＭＥパッドの文字一覧からユニコード（追加多言語面）を選択すると錬金術記号が表示される。柳田國男氏も「是も亦愉快」と納得しただろうか。

十八世紀末のラクスマン来航から、世界地理の学が蘭学に加わり、蘭学好きの端くれが増えた。こうした状況から、露寇を伝えるかわら版刷物に「四箇の異形文字」を判じ物のように組み込んだ。三番目の「○＋○」は錬金術記号の銅サフランであることがわかれば、端くれ（著者）でも解読出来た。画像の類似から検証をすすめたが、「四箇の異形文字」のある「うつろ舟の蛮女」は文化露寇を伝えるフェイクニュースである。常陸国の海岸は太平洋から様々なものが漂着していて、海の向こうから襲われるおそれが常にあった。その恐怖心につけいる偽情報だが、幕府の情報規制のため文化露寇とは直接わからないようにカモフラージュされているので、風聞を知っている人にしかわからない。

議論の多い曲亭馬琴『兎園小説』「うつろ舟の蛮女」は、十九世紀初頭に日本との貿易を求めて長崎に来航したが、幕府に拒絶されたロシア船による北方領土への武力攻撃（文化露寇）が行われ、江戸に近い常陸国（茨城県）にも襲来してきたというフェイクニュースであった。文化露寇が知られていないのは、幕府が噂を禁じ、文化露寇を小説として流布した者を斬首獄門（晒し首）や八丈島流しと重罰に処したことによるのだろう。また、文化露寇は、頻繁に早馬が往来した江戸周辺と北方警備に出動した東北の一部にしか知られていなかったからだ。

「うつろ舟」は十九世紀に流行った予言獣の「神社姫」・「くだべ（くだんとも言う）」・「三疋の猿」・「アマビコ（アマビエも一種）」などの疫病除けに似た、災難除けとも考えられる。なお考えるべし。

前著同様に、三弥井書店出版部の吉田智恵さんのお世話になり、感謝の意を表します。茨城県内の調査にあたり、茂呂昇さんにご協力をいただきました。お礼申し上げます。画像掲載の許可を頂いた所蔵機関の皆様に謝意を申し上げます。

著者紹介

佐藤　秀樹（さとう　ひでき）
1950年、東京都生まれ、立正大学文学部卒業
2016年、放送大学大学院修士課程修了

1984年、足立区教育委員会郷土資料館開設準備担当
1986年、足立区立郷土博物館開館記念「足立と北斎展」担当
1987年、足立区立郷土博物館開館一周年記念「千住の酒合戦と江戸の文人展」担当

主要著書・論文（酒合戦関連）
「古典籍に描かれた江戸の酒文化」三弥井書店、2023年6月
『曲亭馬琴『兎園小説』の真偽―うつろ舟の蛮女と大酒大食の会』三弥井書店、2022年6月
『千住の酒合戦と後水鳥記』三弥井書店、2021年1月
「酒合戦と闘飲図―スペンサー・コレクション「闘飲図巻」の検討―」足立区立郷土博物館紀要第7号　1988年11月
「千住酒合戦と闘飲図巻―足立区立郷土博物館所蔵『後水鳥記』図巻の検討を含めて―」足立区立郷土博物館紀要第37号　2016年3月
「千住の酒合戦と闘飲図巻（一）～（三）」足立史談第580～582号　2016年6～8月

うつろ舟伝説が表象する文化露寇
――享和三年のフェイクニュース

令和6(2024)年12月25日　初版発行

定価はカバーに表示してあります。

発行者　吉田敬弥
発行所　株式会社 三弥井書店
〒108-0073 東京都港区三田3-2-39
電話03-3452-8069
振替00190-8-21125

ISBN978-4-8382-3425-7 C0021　整版・印刷　亜細亜印刷